Upcycling

Aus wertlos wird wertvoll!

Sonja Brockers

25 einzigArtige Projekte mit Alltagsmaterialien

Verlag an der Ruhr

Impressum

Titel
Upcycling – Aus wertlos wird wertvoll!
25 einzigArtige Projekte mit Alltagsmaterialien

Autorin
Sonja Brockers

Titelbildmotiv/Fotos Innenteil
Sonja Brockers

Druck
AZ Druck und Datentechnik GmbH, Kempten, DE

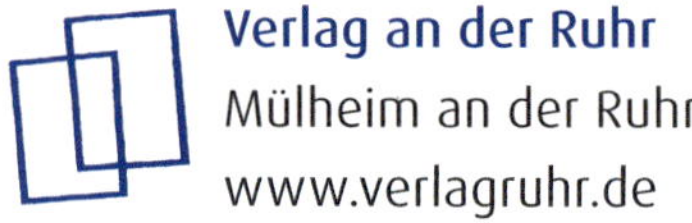
Verlag an der Ruhr
Mülheim an der Ruhr
www.verlagruhr.de

Geeignet für Kinder von 6–12 Jahren

ISBN 978-3-8346-3208-1

Inhaltsverzeichnis

Vorwort

Warum dieses Buch?

Der Gedanke der Wiederverwertung von gebrauchten Gegenständen und Materialien ist im Grunde nichts Neues. Und doch wird diese Idee gerade wiederentdeckt und hat dazu einen schönen neuen Namen erhalten: **Upcycling**.

Dieses Buch holt den Upcycling-Trend ins Klassenzimmer. Es zeigt auf anschauliche und kindgerechte Weise, wie man **ausgedienten Dingen neues Leben einhauchen** kann – und das zum kleinen Preis. Ob Altpapier oder Kronkorken – selbst aus den einfachsten Gegenständen lässt sich etwas Schönes und Nützliches gestalten. Die Beispiele in diesem Buch können genauso umgesetzt werden wie dargestellt. Sie lassen sich in ihrer Gestaltung aber auch abwandeln und bieten viel Spielraum für eigene Ideen.

Wenn das Buch Kinder und Erwachsene dazu bringt, **Wegwerf-Artikel mit anderen Augen zu sehen** und sich Gedanken darüber zu machen, was man alles mit Kronkorken, Eierkartons, Flaschen und anderem anstellen könnte, dann hat es seinen Zweck erfüllt!

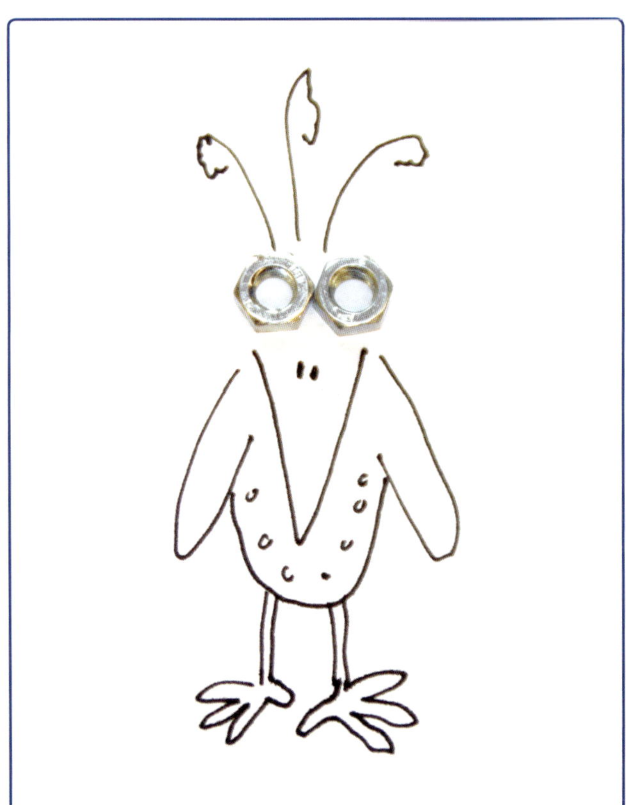

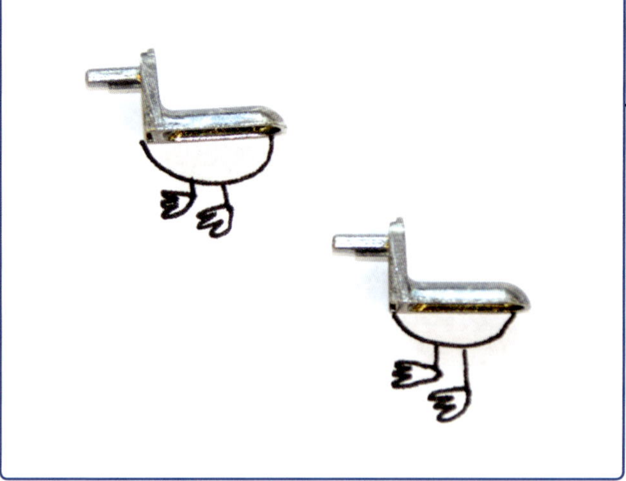

Wegwerfen – Recycling – Upcycling

In den 70er-Jahren aufgewachsen, war es als Kind für mich ganz normal, Dinge wieder- oder in einem anderen Zusammenhang zu verwenden, wie z. B. Konservendosen und Tennisbälle zum Dosenwerfen. Dieser Gedanke ging mit der Zeit allerdings verloren. Die **Flut an günstigen Spielsachen und Gebrauchsgegenständen** machten es nicht mehr nötig, sich Dinge selbst zu konstruieren und zu bauen – mit verheerenden Folgen für die Umwelt. So konnte es nicht weitergehen und die Kritik an der **Wegwerfgesellschaft** wurde zunehmend laut.

Was damals gerade erst aufkam, gehört 30 Jahre später in Deutschland längst zum Alltag: Ganz selbstverständlich entsorgen wir heute Plastik und Papier in der Wertstofftonne oder leere Glasflaschen im dafür vorgesehenen Container – fein säuberlich nach Farben getrennt! **Recycling** ist bei uns schon lange kein Fremdwort mehr.

Auch beim Upcycling werden gebrauchte Dinge wiederverwendet (recycelt). Während beim **Recycling** der ursprüngliche Gegenstand jedoch häufig zerstört wird, um daraus Rohstoffe für einen neuen Gegenstand zu gewinnen (es wird z. B. nicht die Flasche wiederverwendet, sondern das Glas), bleibt beim **Upcycling** dessen ursprüngliche Form weitestgehend erhalten. Und doch entsteht hierbei etwas ganz Neues, sodass der ursprüngliche Gegenstand letztendlich aufgewertet wird (daher das „up“). So wird aus einer alten Konservendose z. B. ein Insekten-Hotel, aus einem Marmeladenglas ein Seifenspender und aus einer Plastikflasche eine lustige Lampe. Der eigenen Kreativität sind hierbei keine Grenzen gesetzt!

Für wen ist dieses Buch gedacht?

Die Ideen in diesem Buch sind speziell auf den Unterricht in der **Schule** zugeschnitten. Sie sind so gewählt, dass sie von den Kindern **weitestgehend selbstständig** umgesetzt werden können. Der Erwachsene übernimmt bei der Umsetzung nur eine Helferrolle.

Das Buch richtet sich vor allem an Kinder im Alter von 6–12 Jahren. Da aber jede Idee durch **eigene Kreativität und Fantasie** veränderbar ist, werden auch ältere Kinder und Erwachsene Spaß an der Umsetzung haben.

Auf eine Einteilung der Ideen nach Klassenstufen wurde in diesem Buch bewusst verzichtet, da das Ergebnis letztlich von den Kindern und deren **individuellen Fertigkeiten** bestimmt wird. Auch die Angaben zur Dauer sind hier nur zur groben Orientierung gedacht, da die Bearbeitungszeit ebenfalls von Kind zu Kind variieren kann. Aber grundsätzlich gilt: Jede Idee ist für jede Altersstufe geeignet.

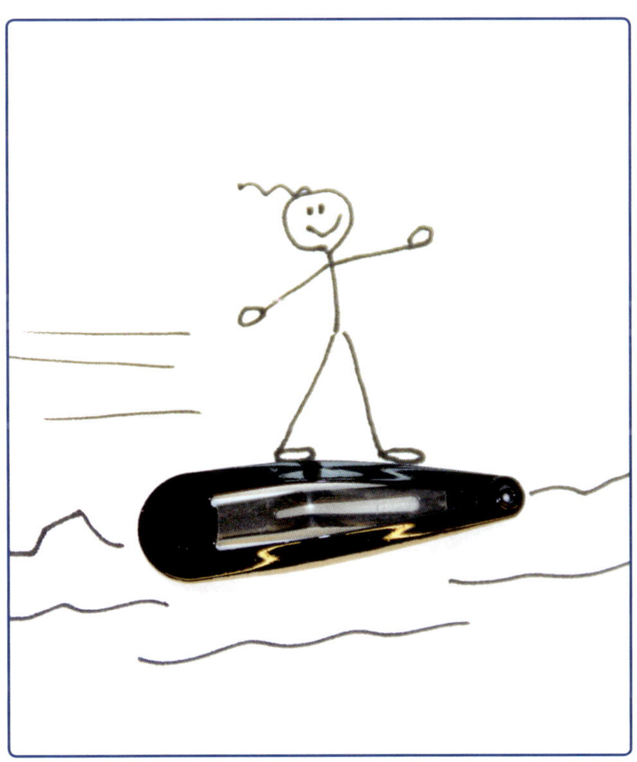

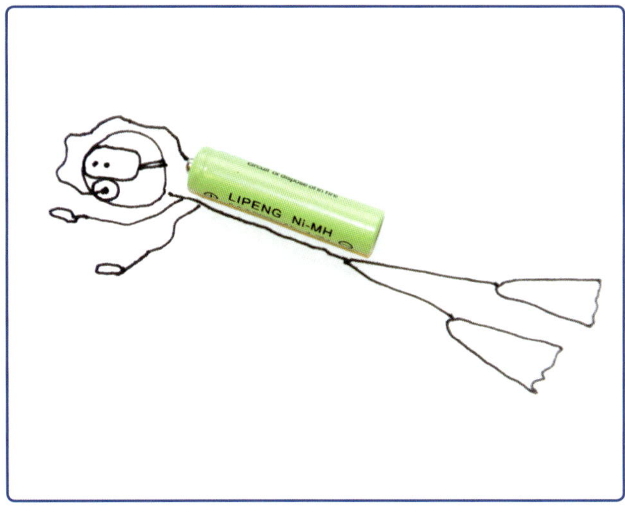

Materialien

„Sammelsurium“

Das Sammelsurium umfasst alle **wertfreien Materialien**, mit denen gearbeitet werden kann. Es empfiehlt sich, einen Grundstock an solchen Materialien zu schaffen und sie gut zu sortieren. In den meisten Fällen sind die Kinder ganz wild darauf, zu Hause zu sammeln und ihre Schätze in den Unterricht mitzubringen.
Gesammelt wird eigentlich fast alles, was sonst weggeworfen werden würde, aber auch, was man in der Natur so findet. Je mehr Auswahl an verrückten Dingen, desto verrückter die Ausführungen der Ideen. Wichtig ist, dass die Materialien sauber sind.

Beispiele:
Konservendosen, Becher, Korken, Kronkorken, Bierdeckel, Flaschen, Gläser, Deckel, Federn, Äste, Steine, Muscheln, Sand, Schwämme, Nägel, Schrauben, Kabel, Muttern, alte Batterien, kaputte Glühbirnen, Stecker, Knöpfe, Stoffe, Wolle, Garnspulen, Faden, Gummis, Plastikteile (Becher, Löffel, Gabeln ...), Stiftkappen, alte Stifte, Patronen, Kugelschreiberhülsen, Zahnstocher, Schaschlikspieße, Pappe, Streichhölzer, Strohhalme, Toilettenpapierrollen, Küchenpapierrollen, Teppichreste, Kassenrollen, Spielfiguren, Draht, Aluschalen, Fugenkreuze, Ketten, Schuhkartons, Pralinenschachteln, Käseschachteln, Ü-Ei-Hülsen ...

Vorwort

Farben

Für die meisten hier angegebenen Ideen werden **Acrylfarben** verwendet. Damit die bemalten Gegenstände auch im Freien eingesetzt werden können und etwas kratzfester sind, sollten sie – von der Lehrkraft – mit **Klarlack** fixiert und damit haltbarer gemacht werden. Das Besprühen erzielt einen guten und gleichmäßigen Effekt und stellt einen geringen Arbeitsaufwand dar. Lack und Glasmalfarben sind von ihrer Haltbarkeit her zwar besser für das Bemalen von Glas, Konservendosen und Plastik geeignet, gehören jedoch nicht in Kinderhände.

Sicheres Arbeiten

Heißkleber

Bei vielen der hier vorgestellten Ideen kommt Heißkleber zum Einsatz. Hierfür sollte eigens eine **Heißkleberstation** im Klassenzimmer eingerichtet werden, also ein fester Platz für die Arbeit mit Heißkleber. Eine solche Station empfiehlt sich vor allem deshalb, weil die Heißkleberpistolen immer ein wenig auslaufen und deren Herumreichen zu Brandblasen führen kann. Der Heißkleber hat aber auch einen entscheidenden Vorteil: Durch ihn kann auf lange Trocknungszeiten verzichtet und nahtlos weitergearbeitet werden.

Die Arbeit mit dem Heißkleber gelingt vor allem dann zügig und gefahrlos, wenn diese **von der Lehrkraft übernommen** wird und die Kinder entsprechende Anweisungen geben, was geklebt werden soll. Sollen die Kinder selbst an der Heißkleberstation arbeiten, ist es wichtig, den Umgang mit dem Heißkleber vorher gemeinsam zu üben.

Konservendosen

Grundsätzlich sollten nur Konservendosen **ohne scharfkantigen äußeren Rand** verwendet werden. Es gibt Dosenöffner, die den dicken (Schutz-)Rand der Konservendose mit abschneiden und am äußeren Dosenrand für eine äußerst scharfe Schnittkante sorgen. Auf den Gebrauch dieser Öffner sollte verzichtet werden.

Selbst wenn der dicke Rand noch vorhanden ist, so ganz ungefährlich ist die Arbeit mit Konservendosen jedoch nie, da die **Schnittkante** immer scharf bleibt. Das sollte den Kindern vorher erklärt werden. Bei einigen Angeboten muss man mit der Hand in die Dose fassen. Hier ist Vorsicht angeraten und ein Drehen der Dose, während die Hand in ihr steckt, sollte dringend vermieden werden.

Tipps

Kittel

Als Kittel eignen sich hervorragend **ausgediente Herrenhemden**, die einfach mit nach hinten zeigender Knopfleiste angezogen und mit dem obersten Knopf zusammengehalten werden. Die Ärmel kann man ein wenig abschneiden, krempeln oder in die Ärmel des eigenen Pullis stecken.
Wer sehr ambitioniert ist, kann die gekürzten Restärmel umnähen und ein Gummi einziehen. Das verhindert ein Hoch- oder Herunterrutschen des Ärmels und schützt die Kleidung

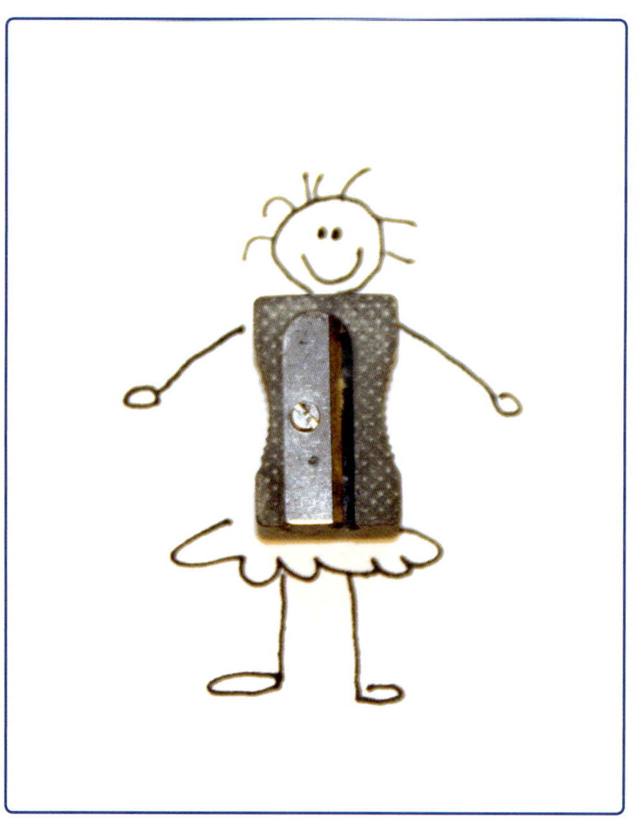

Vorwort

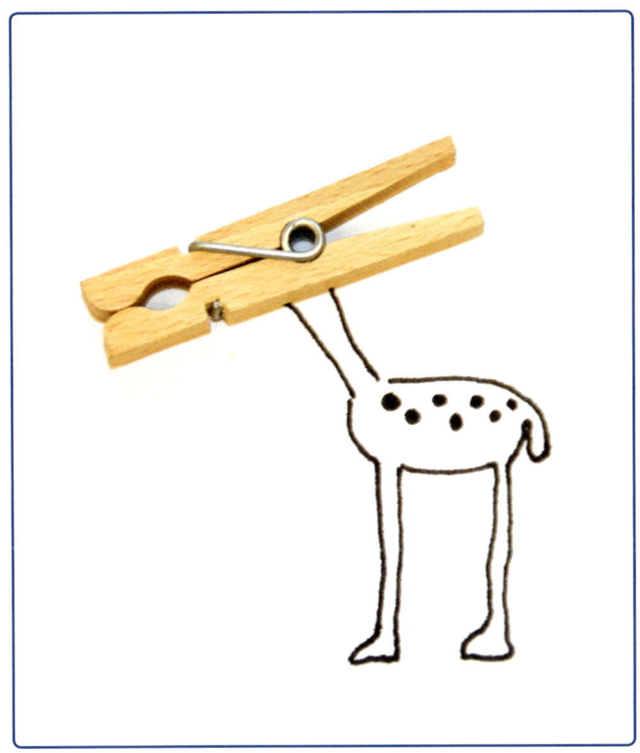

Zum Aufbau des Buches

Das Buch ist unterteilt in **fünf große Materialgebiete mit je fünf Gestaltungsideen**. Diese umfassen neben aussagekräftigen Bildern und einfachen Schritt-für-Schritt-Anleitungen auch Angaben zu Dauer, Schwierigkeitsgrad und den benötigten Materialien. Außerdem findet sich zu Beginn eine Einschätzung, inwieweit die Hilfe eines Erwachsenen benötigt wird.

Malpaletten

Für die Arbeit mit den Farben eignet sich der Einsatz einer **Malpalette**. Alternativ können hierfür größere Deckel oder Teller verwendet werden. Im Grunde braucht es nur eine gerade Fläche mit einer Begrenzung.

Es empfiehlt sich, um die Malpalette eine **Klarsichtfolie** zu wickeln und darauf die Farben zu geben. Später kann einfach die Klarsichtfolie mit der Restfarbe entfernt und entsorgt werden. Zum einen entfällt dadurch das lästige Säubern der Paletten, zum anderen kann sich der Abfluss des Waschbeckens nicht mit abgewaschener Farbe zusetzen.

Die Angebote im Überblick

* Hierbei handelt es sich um Durchschnittswerte, die je nach Gestaltungsaufwand und individuellen Fähigkeiten der Kinder variieren können.

Konservendosen

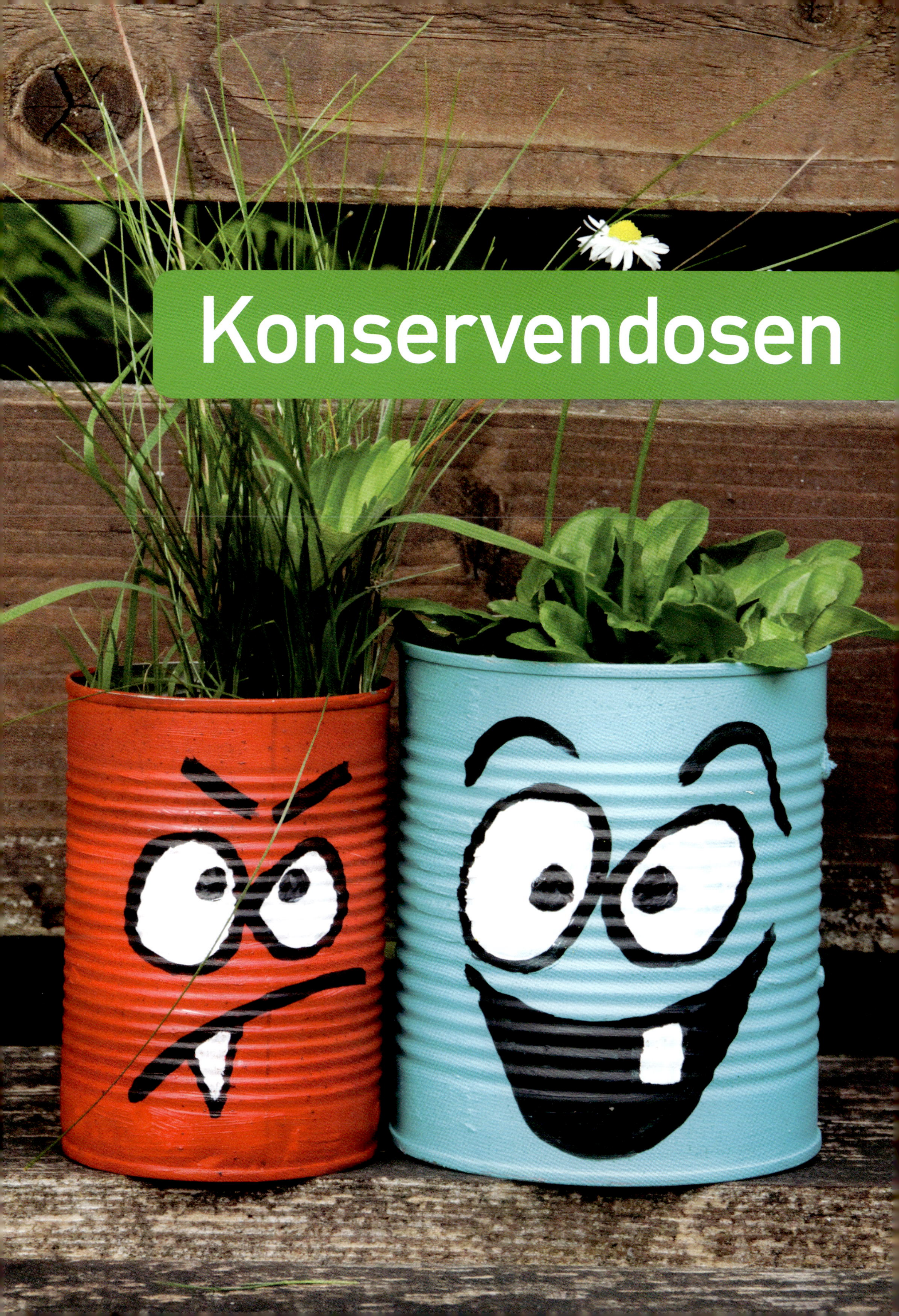

Projekt 1

Roboter-Uhr

Zeitaufwand	1–2 Unterrichtsstunden
Schwierigkeitsstufe	mittel
Mithilfe des Lehrers	Fixierung der Farbe mit Klarlack, Betreuung der Heißkleberstation, Anbringen der Lernzeiger/des Uhrwerks

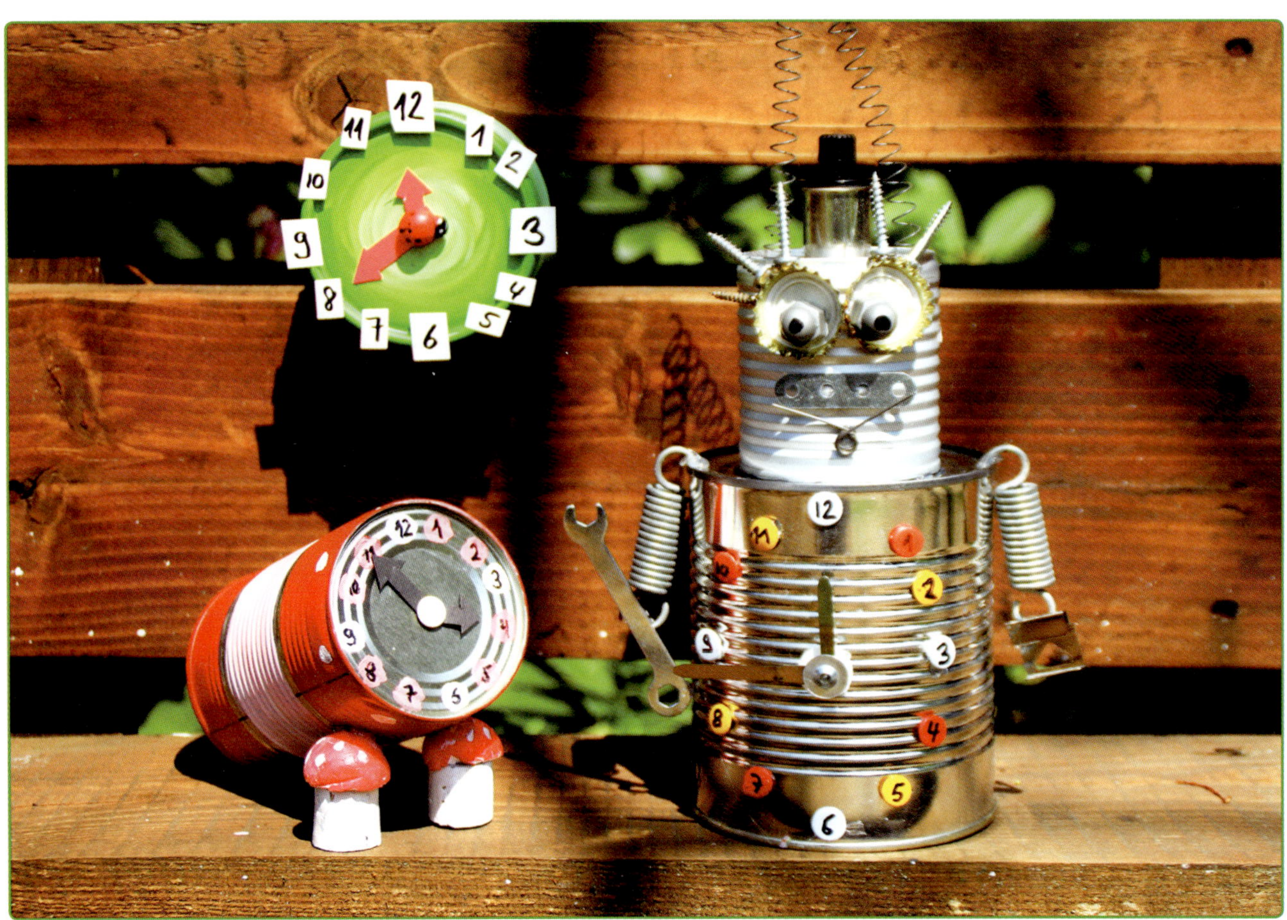

Kurzbeschreibung

Die Uhr zu lernen ist oft eine echte Herausforderung. Gestaltet für den Anfang doch einfach eine Uhr mit Lernzeigern aus Pappe. Sobald ihr die Uhr lesen könnt, ersetzt ihr die Lernzeiger durch ein echtes Uhrwerk – und fertig ist eure eigene kleine Uhr!

Material

- ✔ Konservendose
- ✔ Hammer, großer Nagel
- ✔ Acrylfarbe, Pinsel
- ✔ evtl. Fön
- ✔ Klarlack *(Sprühlack)*
- ✔ Sammelsurium
- ✔ Heißkleber
- ✔ Musterbeutelklammer
- ✔ evtl. Uhrwerk *(etwa 2 Euro im Internet)*

Roboter-Uhr

So geht es

- Überlegt zunächst, was für eine Uhr ihr bauen wollt und wählt eine geeignete Konservendose aus: Soll es eine kleine oder große Dose sein? Soll sie liegen oder stehen? Soll die Dose möglichst flach sein und später aufgehängt werden (hierfür eignet sich eine Thunfischdose)? Oder wollt ihr vielleicht eine Roboter-Uhr gestalten und braucht dafür mehrere Konservendosen? Nachdem ihr euch für eine Dose entschieden habt, entfernt ihr das Etikett und wascht die Dose gut aus.
- Schlagt mit einem Hammer und einem großen Nagel ein Loch in die Mitte des Dosenbodens. Alternativ könnt ihr einen Akkuschrauber mit einem Bohrer benutzen. Hier werden später die Lernzeiger bzw. das Uhrwerk befestigt.
- Bemalt die Dose mit Acrylfarbe. Wenn ihr viele Verzierungen plant, ist es am einfachsten, die Dose erst einmal in einer Farbe zu grundieren. Sobald die Farbe getrocknet ist, könnt ihr die Verzierungen ergänzen. Wenn ihr einen Fön verwendet, trocknet die Farbe etwas schneller.
- Ist die Dose fertig bemalt, solltet ihr sie mit Klarlack besprühen, damit die Farbe besser hält.
- Nun könnt ihr eure Uhr nach Belieben gestalten. Sucht im Sammelsurium nach passenden Kleinteilen (z. B. Zeiger aus Wellpappe, Musterbeutelklammer zur Befestigung des Zeigers, Ständer zum Stützen der Uhr, Verzierungen für den Rand, Zahlen). Eurer Fantasie sind dabei keine Grenzen gesetzt. Ihr müsst lediglich darauf achten, dass den Zeigern genügend Platz bleibt, um sich frei bewegen zu können.
- Befestigt eure gewählten Kleinteile mit Heißkleber an der Konservendose.
- Bringt zum Schluss die Lernzeiger mit der Musterbeutelklammer an eurer Uhr an.

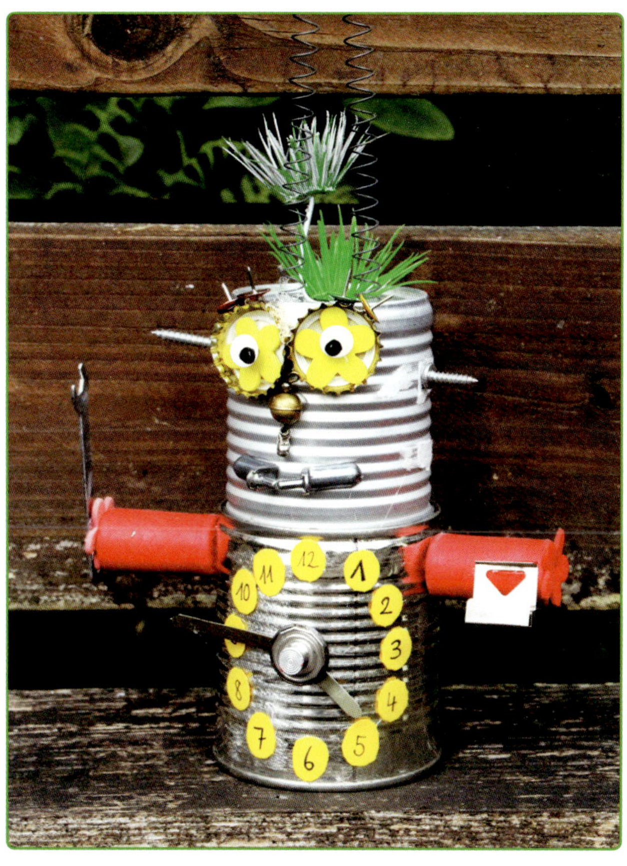

Tipp

Achtet darauf, dass der Zugang zur Uhr von hinten immer frei bleibt, sodass ihr die Lernzeiger später durch ein echtes Uhrwerk ersetzen könnt. Dessen Batteriefach sollte möglichst klein sein, damit es in eurer Uhr Platz findet.

Projekt 2

Wurfdosen und Stelzen

Zeitaufwand	1–2 Unterrichtsstunden
Schwierigkeitsstufe	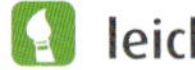 leicht
Mithilfe des Lehrers	Fixierung der Farbe mit Klarlack, evtl. Hilfe bei der Verwendung von Hammer und Nagel

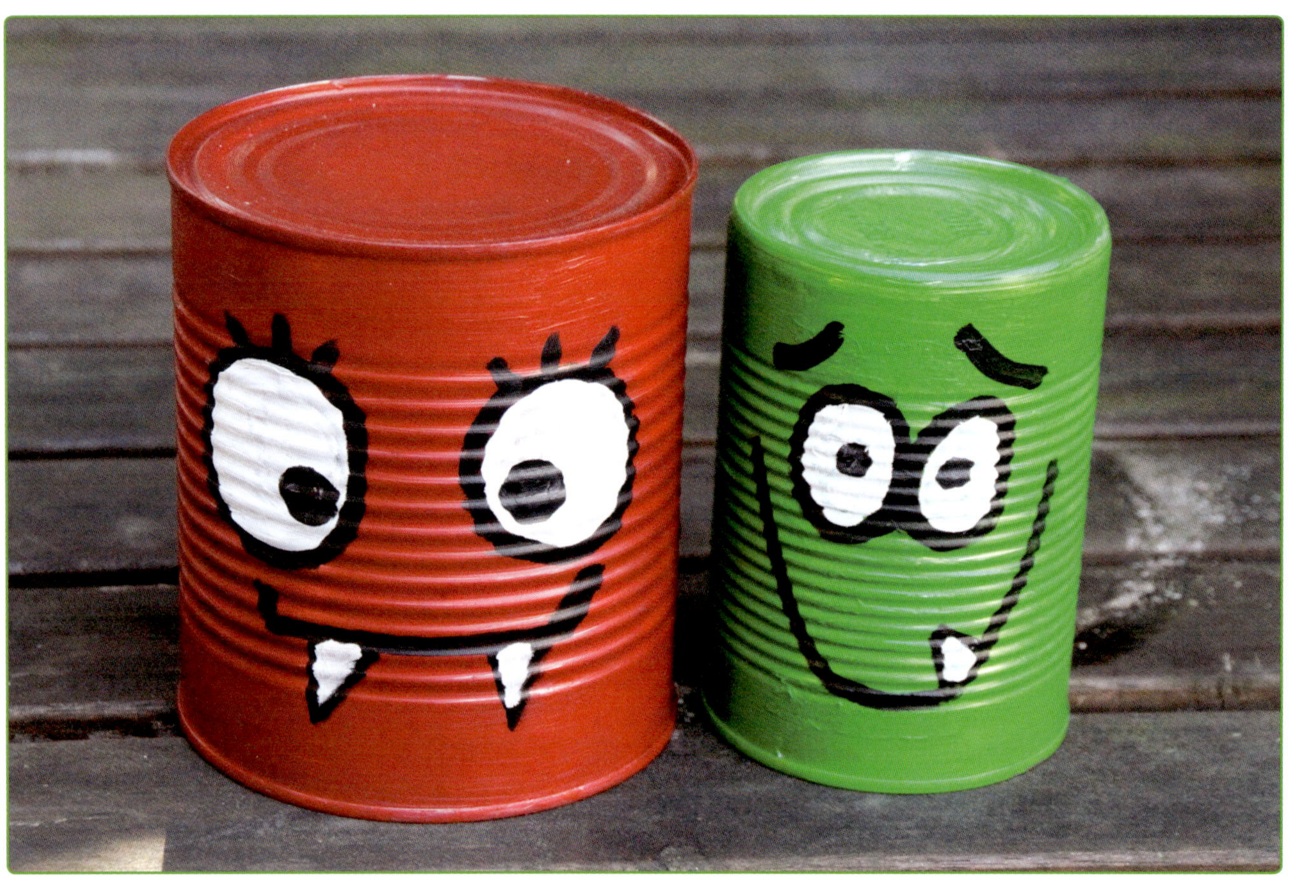

Kurzbeschreibung

Alte Konservendosen lassen sich als Wurfdosen oder Stelzen verwenden. Damit sie nicht nur eine neue Aufgabe haben, sondern auch nett aussehen, könnt ihr sie bunt bemalen.

Material

- ✓ Acrylfarbe, Pinsel
- ✓ evtl. Fön
- ✓ Klarlack *(Sprühlack)*

Für Wurfdosen

- ✓ mind. 3 Konservendosen

Für Stelzen

- ✓ 2 Konservendosen
- ✓ Hammer, großer Nagel
- ✓ Wäscheleine
- ✓ Zange

Wurfdosen und Stelzen

So geht es

- Wascht die Konservendosen gut aus und entfernt das Etikett.
- Malt nun die Dosen nach Lust und Laune an. Die Öffnung sollte dabei nach unten zeigen. Ihr könnt eure Lieblingsfarben verwenden oder eine Figur malen. Verwendet für das Bemalen Acrylfarbe. Sie leuchtet schön und hält gut. Eventuell müsst ihr die Dosen zweimal bemalen, je nachdem, wie gut die Farbe deckt. Lasst die Farbe gut trocknen. Ein Fön kann die Trocknungszeit ein wenig verkürzen.
- Besprüht die Dosen mit Klarlack. Die Farbe zerkratzt dann nicht so leicht und ist wetterbeständiger.

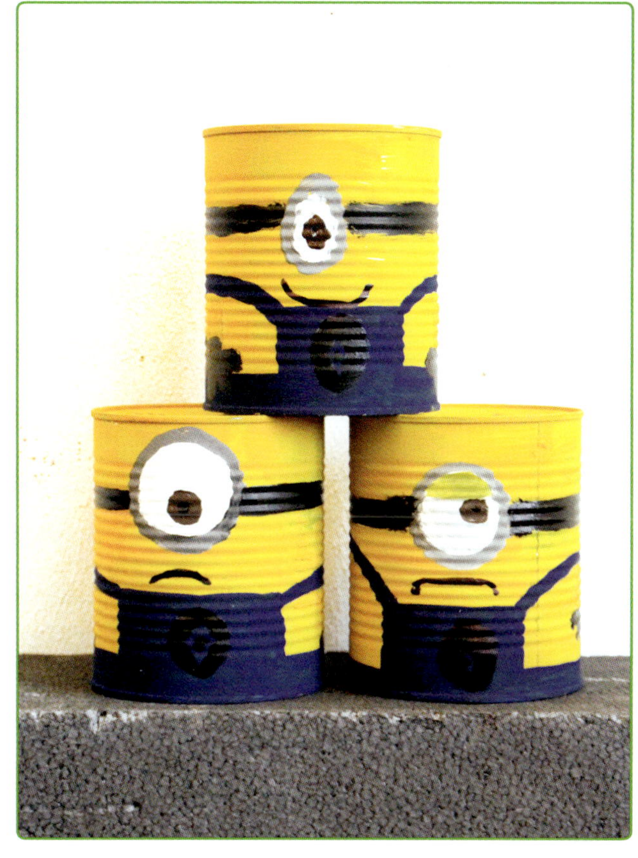

Stelzen

- Schlagt mit einem Hammer und einem großen Nagel zwei gegenüberliegende Löcher in den Rand an der geschlossenen Seite.
- Fädelt die Wäscheleine von außen durch das erste Loch und verknotet ein Ende im Inneren der Dose.
- Messt ab, wie groß die Schlaufe der Stelze werden soll, und kürzt die Wäscheleine auf die entsprechende Länge.
- Fädelt nun das andere Ende der Leine durch das zweite Loch und verknotet es im Inneren der Dose.
- Bei der zweiten Dose geht ihr genauso vor.

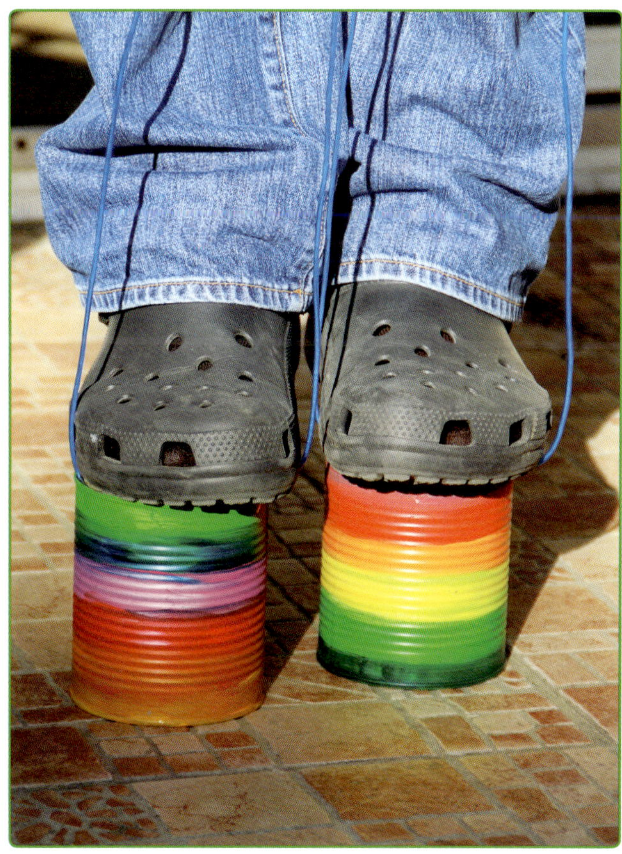

Projekt
3

Stifteköcher, Blumentopf und Bonbon-Dose

Zeitaufwand	1–2 Unterrichtsstunden
Schwierigkeitsstufe	leicht
Mithilfe des Lehrers	Fixierung der Farbe mit Klarlack, Betreuung der Heißkleberstation, evtl. Hilfe bei der Verwendung von Hammer und Nagel

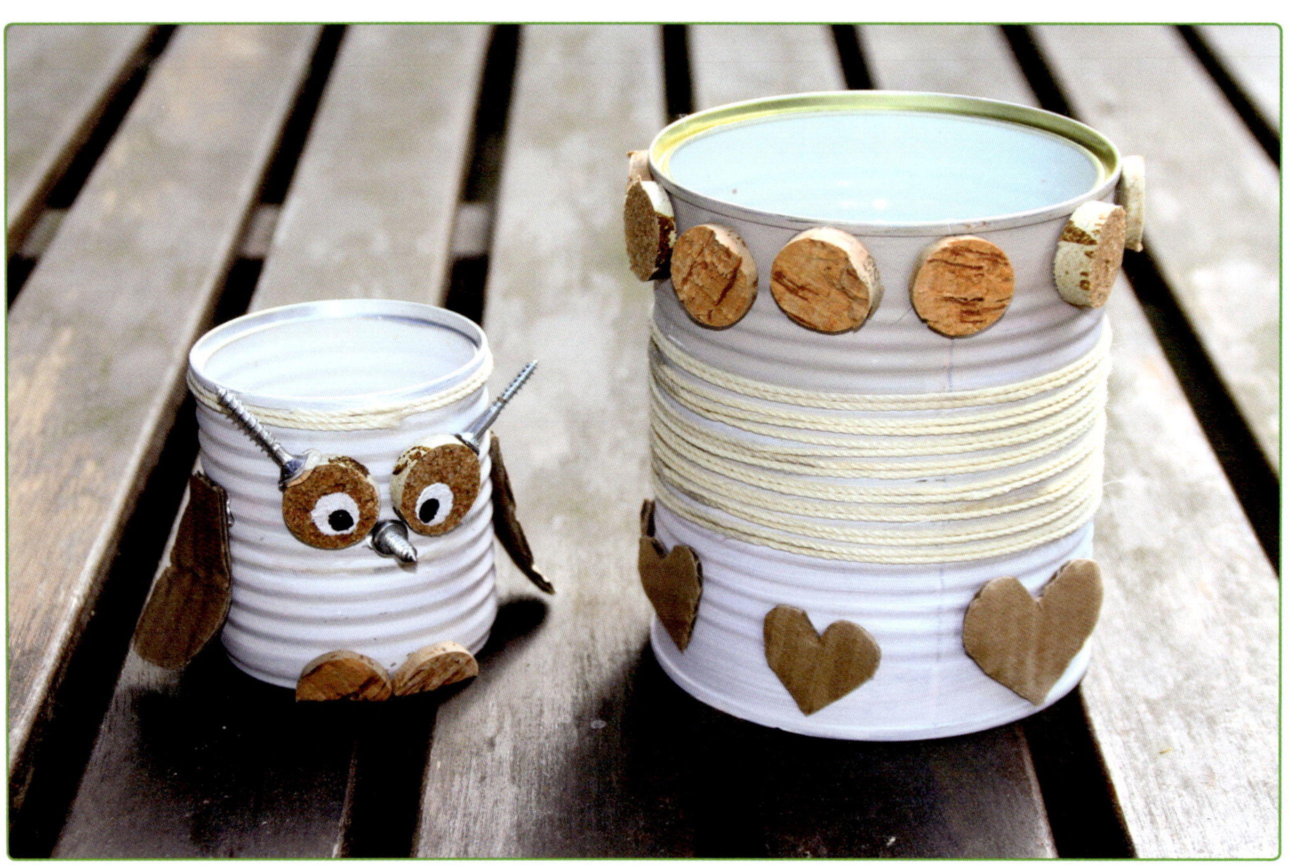

Kurzbeschreibung

Aus bemalten und beklebten Konservendosen lassen sich praktische Behälter z. B. für Stifte, Bonbons oder Blumen gestalten. Und mit einem passenden Deckel sind eure Schätze darin besonders gut aufgehoben.

Material

- ✓ Konservendose
- ✓ Acrylfarbe, Pinsel
- ✓ Klarlack *(Sprühlack)*
- ✓ evtl. Fön
- ✓ Sammelsurium
- ✓ Flüssigkleber, Heißkleber
- ✓ Schere

Für Dosen mit Deckel

- ✓ Wellpappe, Stift
- ✓ Figur oder Kordel
- ✓ evtl. Blatt Papier

Für Blumenampeln

- ✓ Hammer, großer Nagel
- ✓ Schnur

Stifteköcher, Blumentopf und Bonbon-Dose

So geht es

- Wascht die Konservendose gut aus und entfernt das Etikett.
- Malt eure Dose nach Lust und Laune an. Verwendet für das Bemalen Acrylfarbe. Sie leuchtet schön und hält gut. Eventuell müsst ihr die Dose zweimal bemalen, je nachdem, wie gut die Farbe deckt. Lasst die Farbe gut trocknen. Ein Fön kann die Trocknungszeit ein wenig verkürzen.
- Besprüht die Dose mit Klarlack. Die Farbe zerkratzt dann nicht so leicht und hält besser.
- Nun könnt ihr mit dem Bekleben beginnen. Leichte Gegenstände wie Federn oder Papierschnipsel lassen sich mit Flüssigkleber anbringen. Für schwerere Dinge wie Schrauben oder Figuren verwendet ihr Heißkleber, da dieser länger und besser hält.
- Grundsätzlich könnt ihr zum Dekorieren alles verwenden, was euer Sammelsurium hergibt. Überlegt vorher, ob ihr die Dose einfach nur verzieren wollt oder ob sie z. B. eine Eule, ein Monster oder Ähnliches darstellen soll.
- Achtet darauf, dass ihr die Dose nicht zu bunt gestaltet, da sie sonst schnell kitschig wirken kann. Am einfachsten ist es, wenn ihr euch für ein oder zwei Farben entscheidet und die Dose nur in diesen Farben und ihren vielen Schattierungen gestaltet.

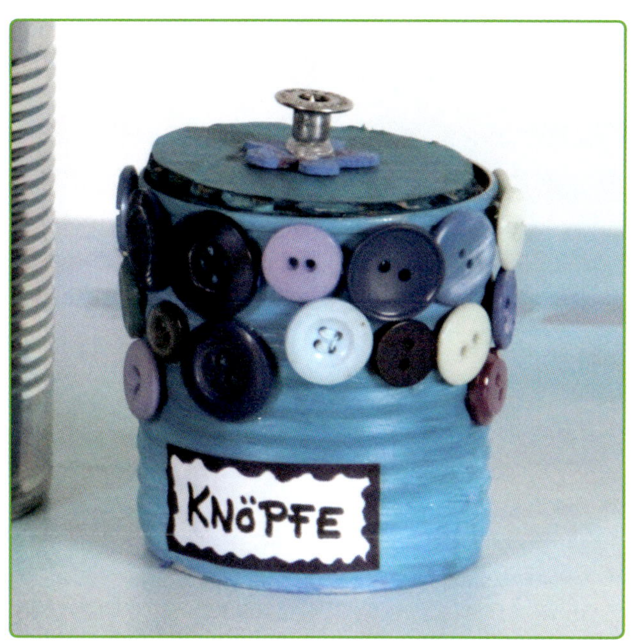

Dose mit Deckel

- Zeichnet den Dosenumfang auf einem Stück Wellpappe nach und schneidet die Pappe entsprechend zurecht. Sie sollte genau auf den geschnittenen Rand der Dose passen.
- Damit euer Deckel etwas dicker wird, schneidet ihr ein zweites Stück Wellpappe zurecht und klebt die beiden ausgeschnittenen Deckel aufeinander.
- Malt den Deckel passend zur Dose an. Wenn die Farbe getrocknet ist, könnt ihr ein Stück Kordel oder eine Figur auf den Deckel kleben. Dieser „Henkel" hilft euch, den Deckel später abzuheben.

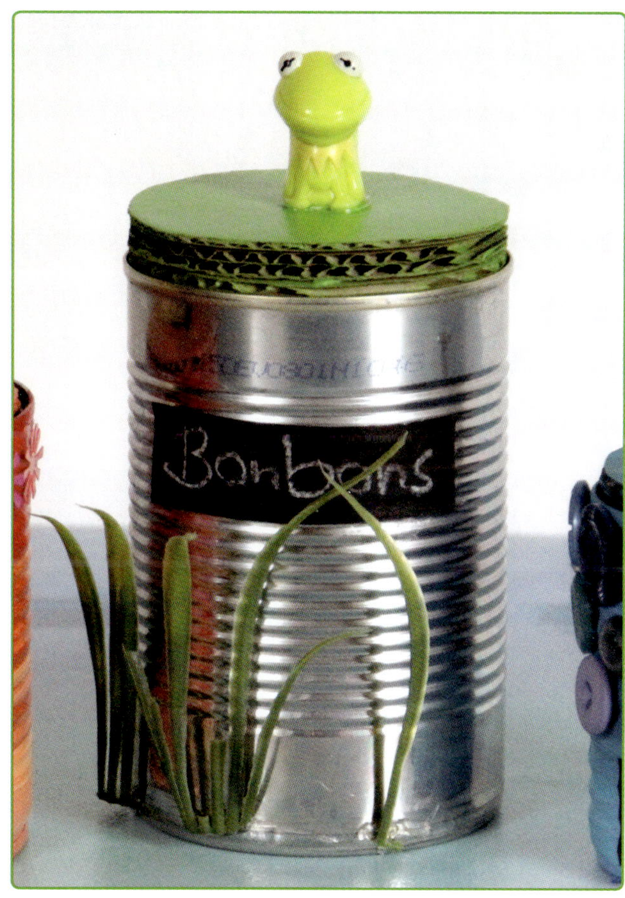

- Wenn die Dose etwas Spezielles enthalten soll, könnt ihr mit Papier und einem Stift ein neues Etikett für die Dose gestalten und dieses aufkleben.

Stiftekköcher, Blumentopf und Bonbon-Dose

Blumen-Ampel

- Schlagt mit einem Hammer und einem großen Nagel zwei gegenüberliegende Löcher in den Dosenrand an der offenen Seite.
- Fädelt eine Schnur von außen durch das erste Loch und verknotet ein Ende im Inneren der Dose.
- Messt ab, wie lang die Schnur sein soll, und kürzt sie auf die entsprechende Länge.
- Fädelt nun das andere Ende der Schnur durch das zweite Loch und verknotet es im Inneren der Dose.
- Bevor ihr die Dose bepflanzt, solltet ihr an der Unterseite drei Löcher einschlagen, damit überschüssiges Wasser abfließen kann.

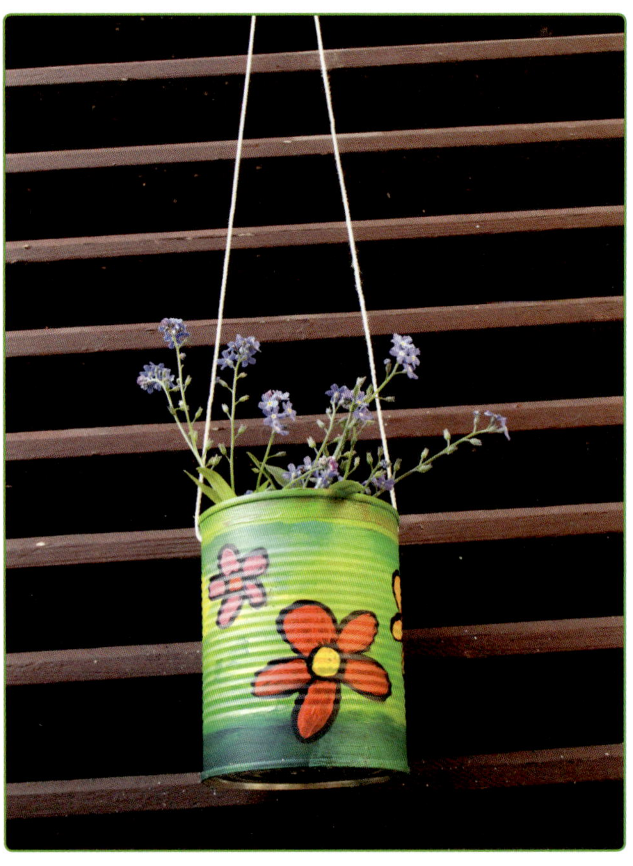

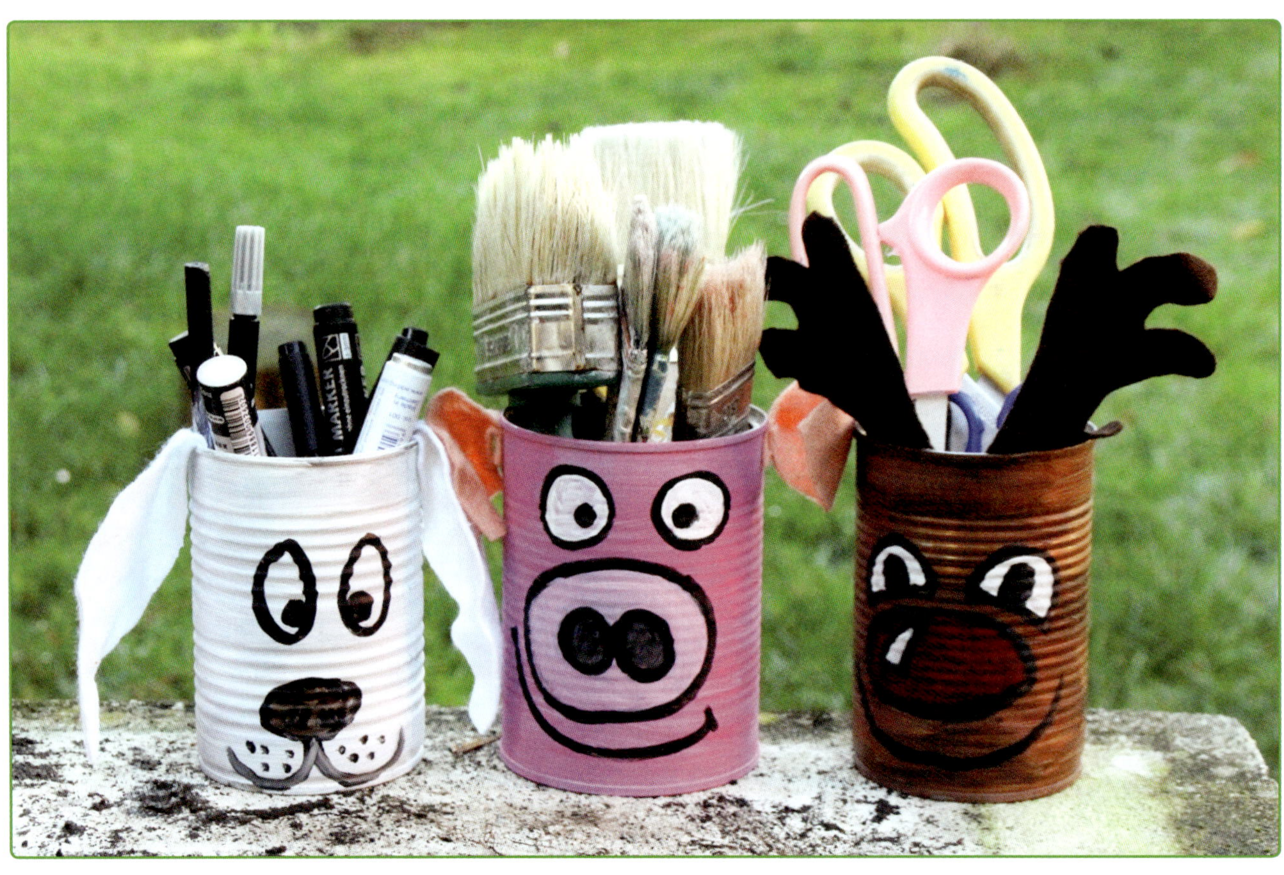

Poststation

Zeitaufwand	2 Unterrichtsstunden
Schwierigkeitsstufe	mittel
Mithilfe des Lehrers	Fixierung der Farbe mit Klarlack, Befestigung der Dosen, Betreuung der Heißkleberstation

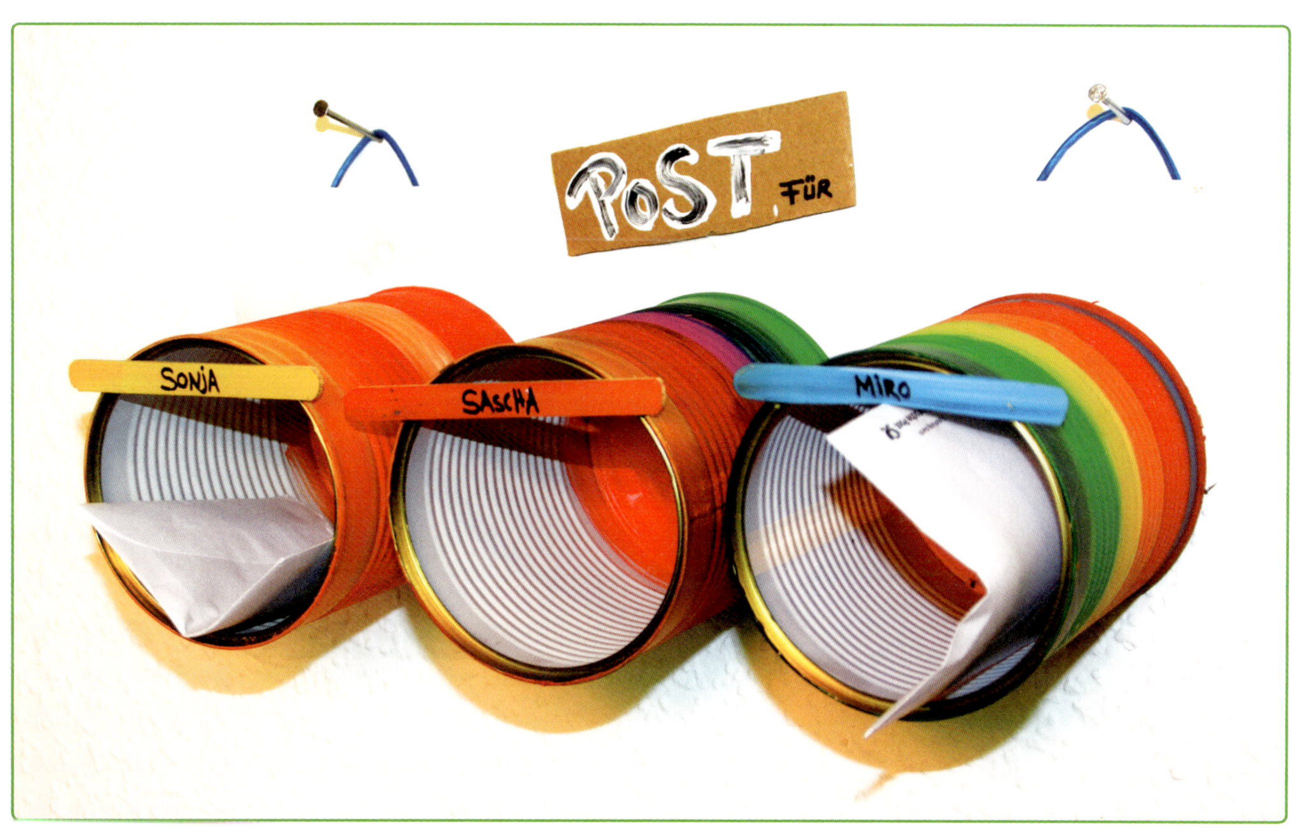

Kurzbeschreibung

Aus alten Konservendosen könnt ihr eine Poststation für euer Klassenzimmer bauen.

Jedes Kind gestaltet ein eigenes kleines Postfach. Ihr könnt die einzelnen Fächer nebeneinander, untereinander oder kreuz und quer anordnen. So ergibt sich eine ganze Landschaft hübscher Briefkästen für Elternbriefe oder sonstige Post.

Material

- Brett, Aufhängung
- Konservendose *(groß)*
- Acrylfarbe, Pinsel
- evtl. Fön
- Klarlack *(Sprühlack)*
- Eisstiel
- Stift
- Hammer, großer Nagel
- Schrauben, Schraubendreher
- Pappe
- Schere
- Heißkleber
- Sammelsurium

Projekt 4

Poststation

So geht es

- Bemalt zunächst das Brett, auf dem eure Dosen später befestigt werden sollen. Entscheidet gemeinsam, wie das Brett gestaltet werden soll.
- Wascht die Konservendose gut aus und entfernt das Etikett.
- Malt die Dose in euren Lieblingsfarben an. Verwendet für das Bemalen Acrylfarbe. Sie leuchtet schön und hält gut. Eventuell müsst ihr die Dose zweimal bemalen, je nachdem, wie gut die Farbe deckt. Lasst die Farbe gut trocknen. Ein Fön kann die Trocknungszeit ein wenig verkürzen.
- Möchtet ihr, dass die Farbe besonders gut auf der Dose hält, solltet ihr sie mit Klarlack fixieren.
- Während die Dose trocknet, könnt ihr den Eisstiel bemalen, die Farbe mit einem Fön trocknen und euren Namen gut lesbar darauf schreiben.
- Schlagt mit einem Hammer und einem großen Nagel zwei Löcher in den Deckelboden – genau dort, wo die Dose später auf das Brett geschraubt werden soll. So lassen sich die Schrauben besser eindrehen.
- Befestigt die Dose mit den passenden Schrauben und einem Schraubendreher auf dem Brett. Vorsicht: Achtet auf eure Hände und die scharfkantigen Schnittkanten der Dose!
- Klebt die Eisstiele mit eurem Namen auf die Dose. Hierzu verwendet ihr am besten Heißkleber.
- Die ersten Kinder, die fertig sind, gestalten aus Pappe und Farbe ein größeres Schild mit der Aufschrift „Post", das später auf das Brett geklebt werden kann.

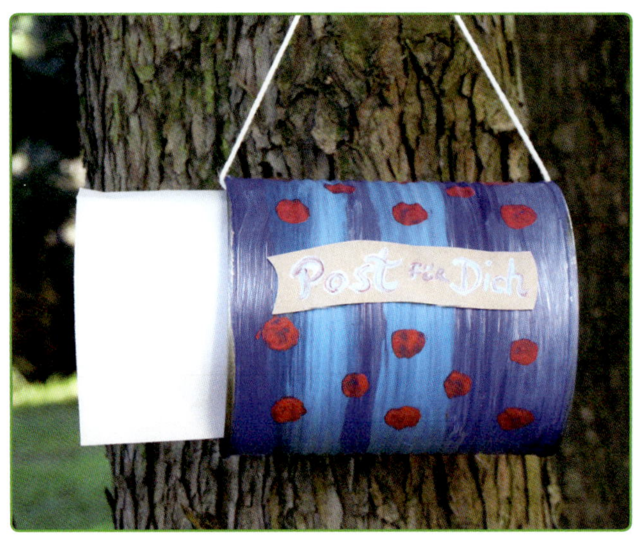

Briefkasten-Monster

- Wer seinen Briefkasten in ein kleines Monster verwandeln möchte, kann die Dose zusätzlich mit Augen, Zähnen, Haaren und Ähnlichem versehen. Achtet bei der Gestaltung allerdings darauf, dass die Dosenöffnung in der unteren Hälfte frei bleibt, damit die Post auch noch Platz hat.

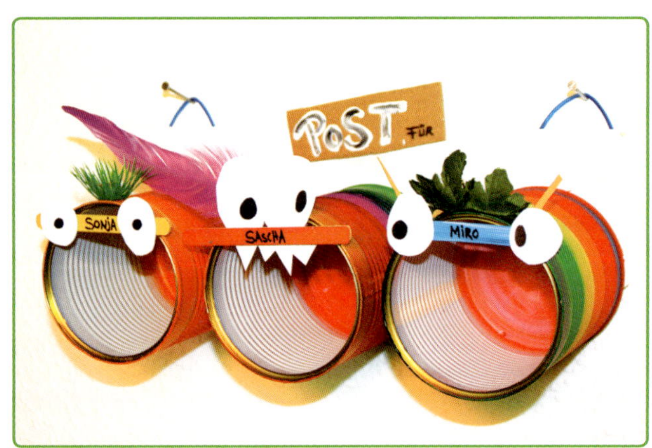

Insekten-Hotel

Zeitaufwand	2 Unterrichtsstunden
Schwierigkeitsstufe	mittel
Mithilfe des Lehrers	Fixierung der Farbe mit Klarlack, Zuschneiden und Einschieben der Äste

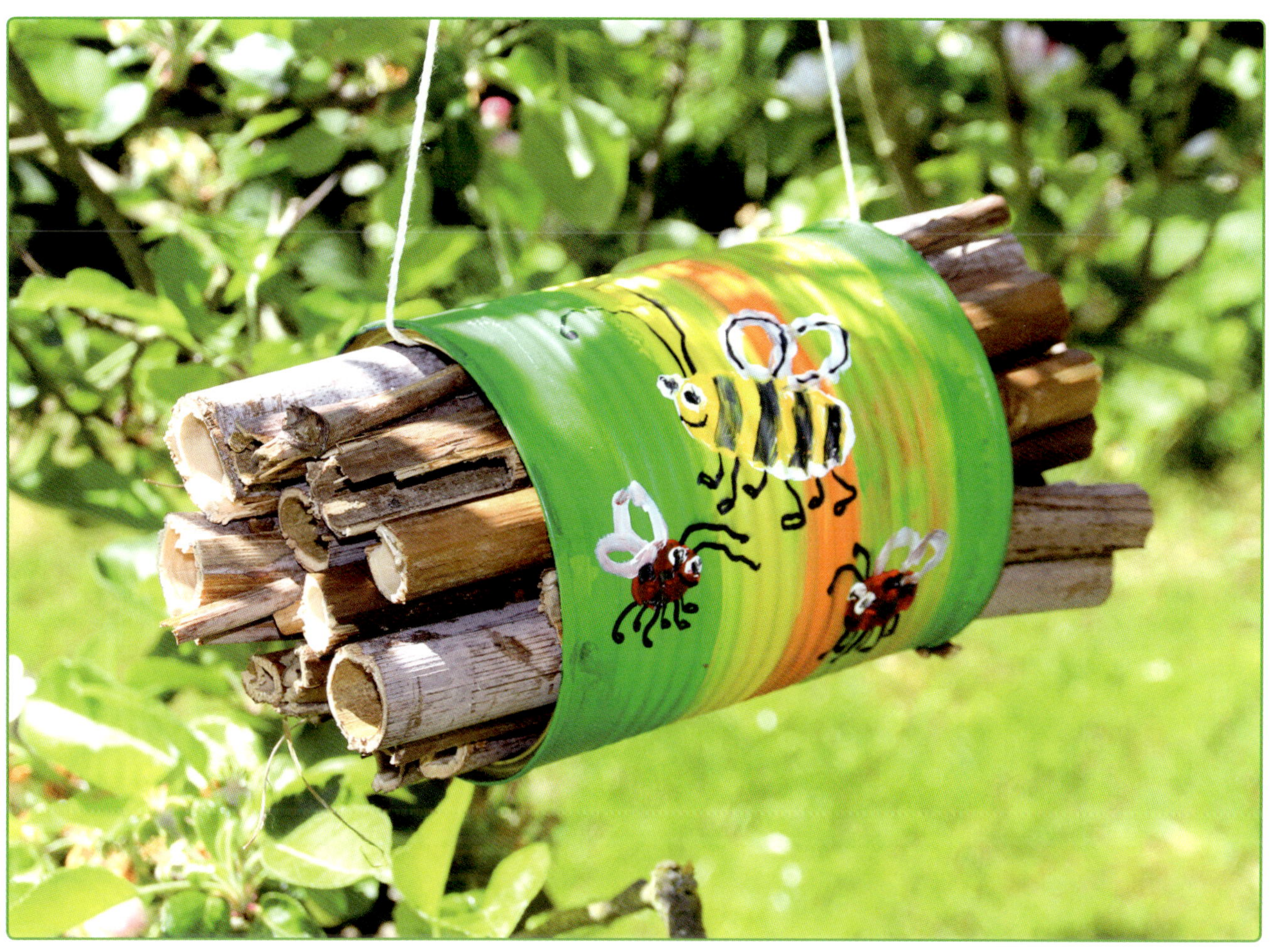

Kurzbeschreibung

Wildbienen und andere Insekten benötigen Nistplätze, um ihre Eier abzulegen. Wir brauchen diese Insekten, damit sie unsere Obstbäume und Blumen bestäuben. Mit wenig Aufwand könnt ihr aus Konservendosen und hohlen Ästen farbenfrohe Insekten-Hotels gestalten. Sie sind nicht nur nützlich, sondern sehen auch hübsch aus.

Material

- ✓ Konservendose
- ✓ Dosenöffner
- ✓ Acrylfarbe, Pinsel
- ✓ evtl. Fön
- ✓ Klarlack *(Sprühlack)*
- ✓ Schnur, Schere
- ✓ hohle oder innen weiche Äste, z. B. Schilf, Bambus, Holunder
- ✓ Gartenschere

Projekt
5

Insekten-Hotel

So geht es

- Wascht die Konservendose gut aus, entfernt das Etikett und schneidet die Dose auch auf der anderen Seite auf.
- Bemalt zunächst die ganze Dose. Wenn sie getrocknet ist, könnt ihr noch Verzierungen, z. B. in Form von kleinen Insekten, ergänzen. Den Trocknungsvorgang könnt ihr mit einem Fön beschleunigen.
- Besprüht die Dose mit Klarlack. So hält die Farbe besser und die Dose ist vor Witterung besser geschützt.
- Schneidet ein Stück Schnur ab und zieht dieses durch die Dose. Knotet die Schnur zusammen, sodass sich eine Schlaufe bildet, mit deren Hilfe ihr die Dose später aufhängen könnt.
- Schneidet die Äste auf Länge der Dose mit einer Gartenschere zu. Der Umgang mit der Gartenschere ist nicht ganz ungefährlich. Lasst euch vorher genau erklären, wie man damit richtig schneidet, und holt bei den dickeren Ästen einen Erwachsenen zu Hilfe.
- Sind genügend Äste zugeschnitten, könnt ihr sie in die Dose stecken. Bei den letzten Ästen wird es etwas schwieriger. Es empfiehlt sich, zum Ende hin dünne Äste in die Mitte zu schieben. Die Äste sollten wirklich feststecken, sodass keiner herausfallen kann.
- Stehen die Äste ein wenig über, ist das nicht schlimm. Durch die große Anzahl sind die Äste im Inneren geschützt.

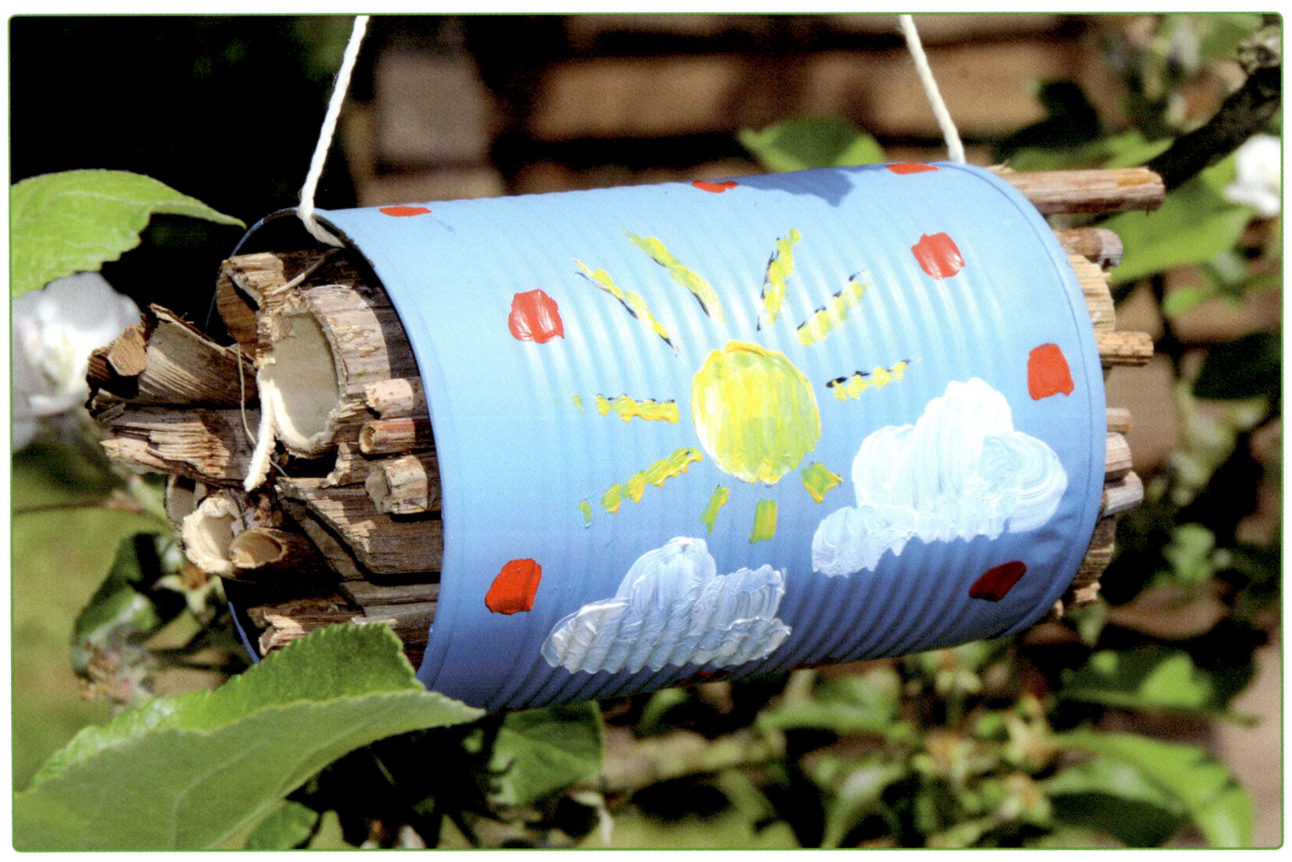

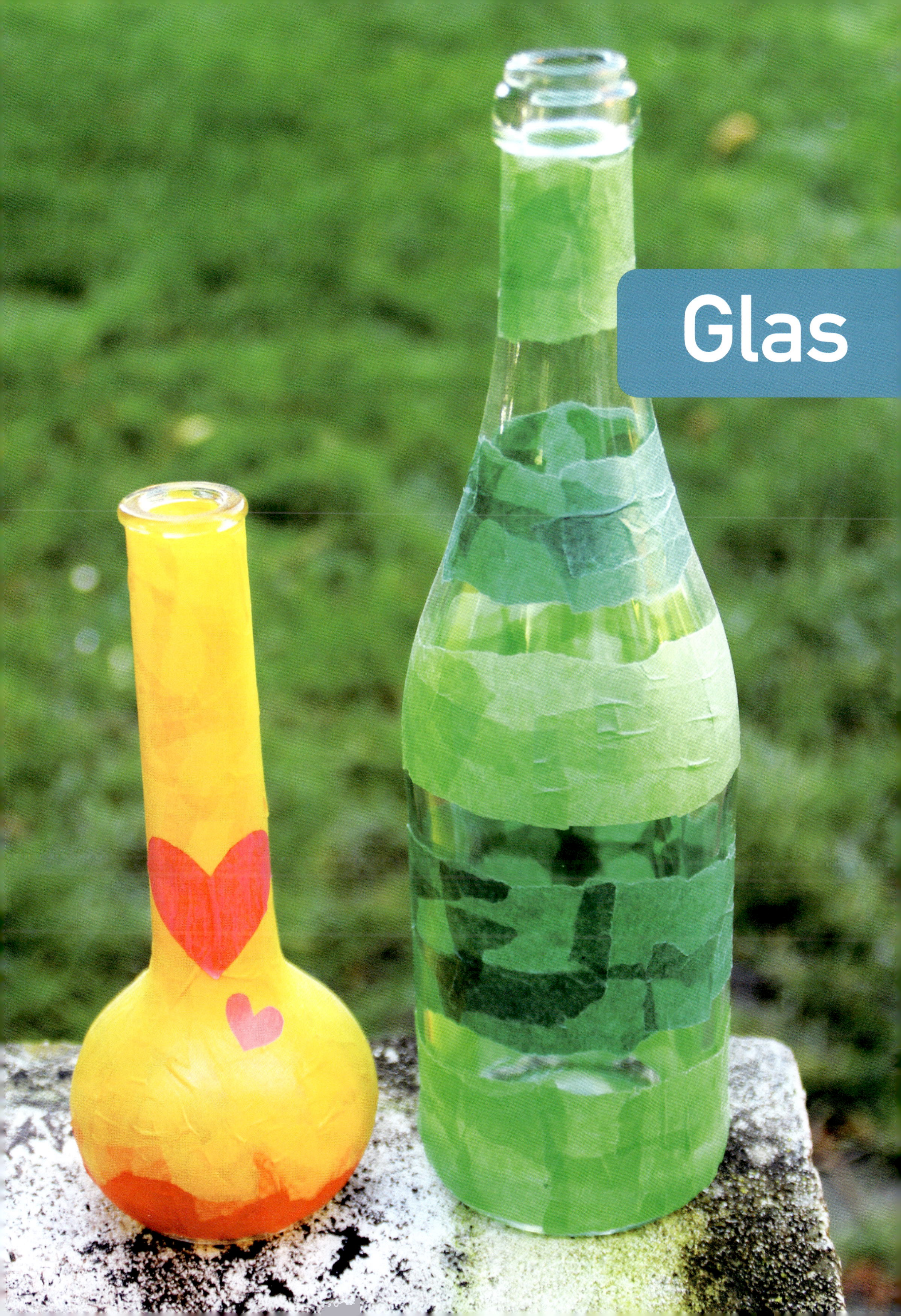

Glas

Projekt 6

Blumenvase

Zeitaufwand	1–2 Unterrichtsstunden
Schwierigkeitsstufe	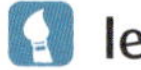 leicht
Mithilfe des Lehrers	Entfernen der Etiketten, Fixierung der Farbe mit Klarlack, Besprühen der Flasche mit Farbspray, Betreuung der Heißkleberstation

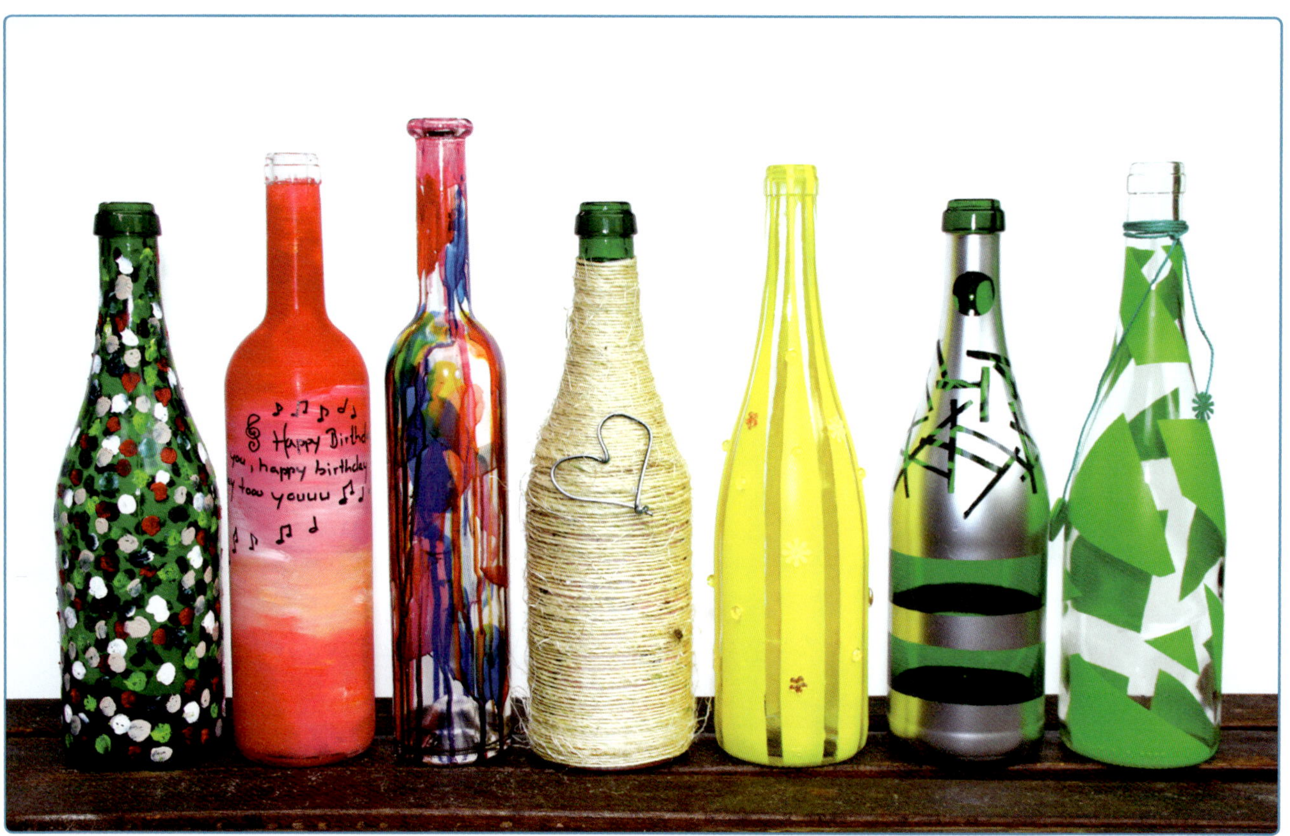

Kurzbeschreibung

Leere Wein-, Sekt- oder Saftflaschen eignen sich hervorragend als Vasen für einzelne Blumen. Mit wenig Aufwand könnt ihr daraus viele schöne neue Designs zaubern.

Material

- ✓ leere Glasflasche *(die Farbe ist egal)*

Für bemalte Flaschen

- ✓ Acrylfarbe, Pinsel
- ✓ Permanent-Marker
- ✓ Klarlack *(Sprühlack)*

Für besprühte Flaschen

- ✓ Kreppklebeband
- ✓ Schere
- ✓ Farbspray
- ✓ evtl. Sammelsurium und Heißkleber

Für beklebte Flaschen

- ✓ doppelseitiges Klebeband oder Kleister
- ✓ Wolle, Paketschnur oder Transparentpapier
- ✓ Klarlack *(Sprühlack)*
- ✓ Sammelsurium, Heißkleber

Blumenvase

So geht es

Die Flasche sollte sauber und ohne Etikett sein. Am einfachsten könnt ihr das Etikett entfernen, wenn ihr die Flasche in Wasser mit einem Spritzer Spülmittel einlegt. Ist sie eingeweicht, fällt das Etikett meist von selbst ab. Der Kleberückstand lässt sich mit einem Schwamm leicht entfernen. Hartnäckige Etiketten könnt ihr mit einem Ceranfeld-Schaber abkratzen.

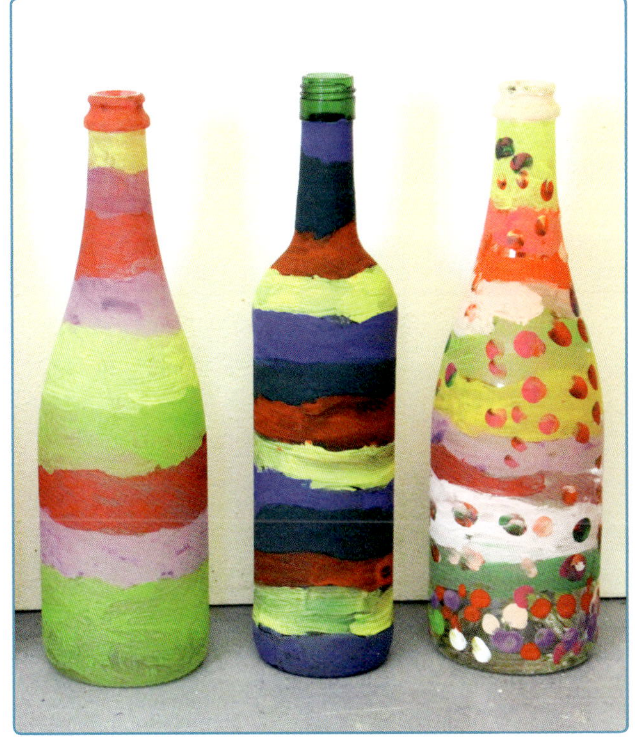

Bemalte Flaschen

- Hier sind der Fantasie keine Grenzen gesetzt. Die Flasche kann in einem Farbton oder knallbunt gestaltet werden. Ihr könnt die Farbe flächig auftragen oder sie leicht verdünnt an der Flasche herunterlaufen lassen. Entscheidet selbst, ob ihr einen Pinsel verwenden oder mit euren Fingern z. B. lauter Punkte auf das Glas tupfen wollt.
- Nachdem die erste Farbschicht getrocknet ist, könnt ihr eure Vase weitergestalten, indem ihr über die bemalte Fläche ein zweites Mal tupft, spritzt oder malt. Auch hübsch sind Formen oder Sprüche, die mit Permanent-Marker auf die bemalte Fläche gezeichnet oder geschrieben werden.
- Ist die Flasche fertig bemalt, solltet ihr sie mit Klarlack besprühen, damit die Farbe besser hält.

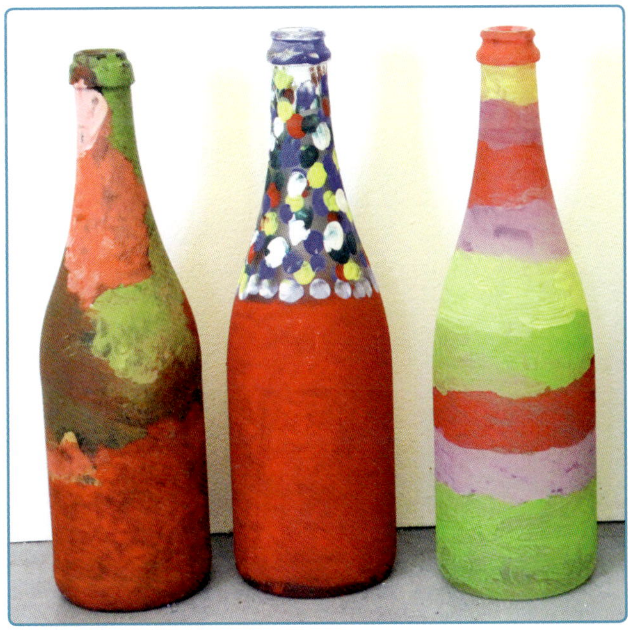

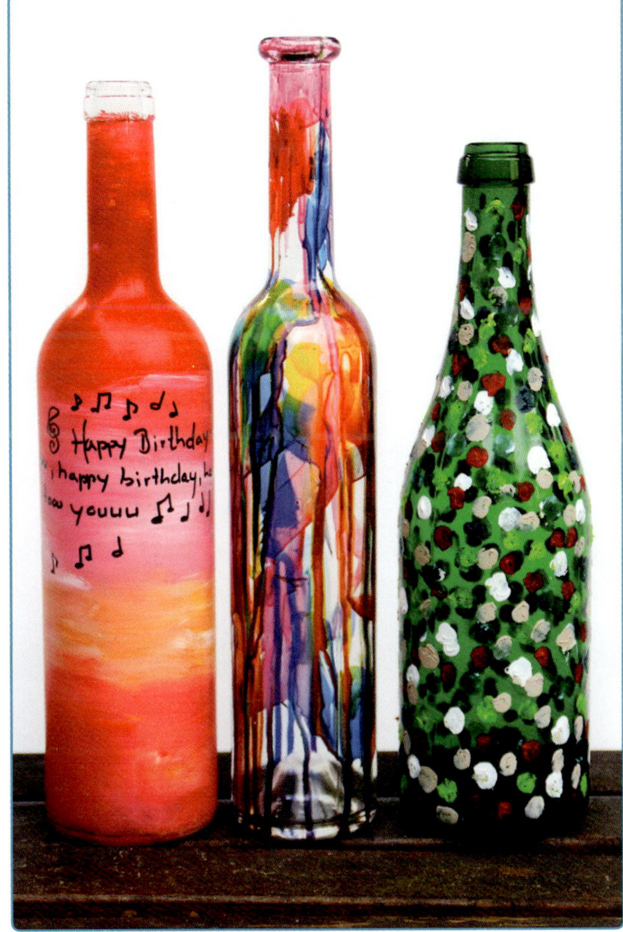

Blumenvase

Besprühte Flaschen

- Das Prinzip ist ganz einfach: Alles, was ihr nachher von der Flasche sehen möchtet, klebt ihr ab. Und alles, was frei bleibt, wird besprüht.
- Zum Abkleben benutzt ihr das Kreppklebeband. Ihr könnt es in seiner ursprünglichen Breite und Form verwenden oder es z. B. in dünne Streifen oder Kreise schneiden. Drückt das Klebeband gut an, damit keine Farbe dahinter laufen kann.
- Nun kann die Flasche mit der Farbe besprüht werden. Das sollte am besten ein Erwachsener an der frischen Luft machen.
- Nachdem die Farbe getrocknet ist, was etwa 5–10 Minuten dauert, könnt ihr das Kreppband vorsichtig lösen.
- Wenn ihr wollt, könnt ihr eure Flasche weiterverzieren, indem ihr sie z. B. beklebt oder ein schönes Band um den Flaschenhals wickelt.

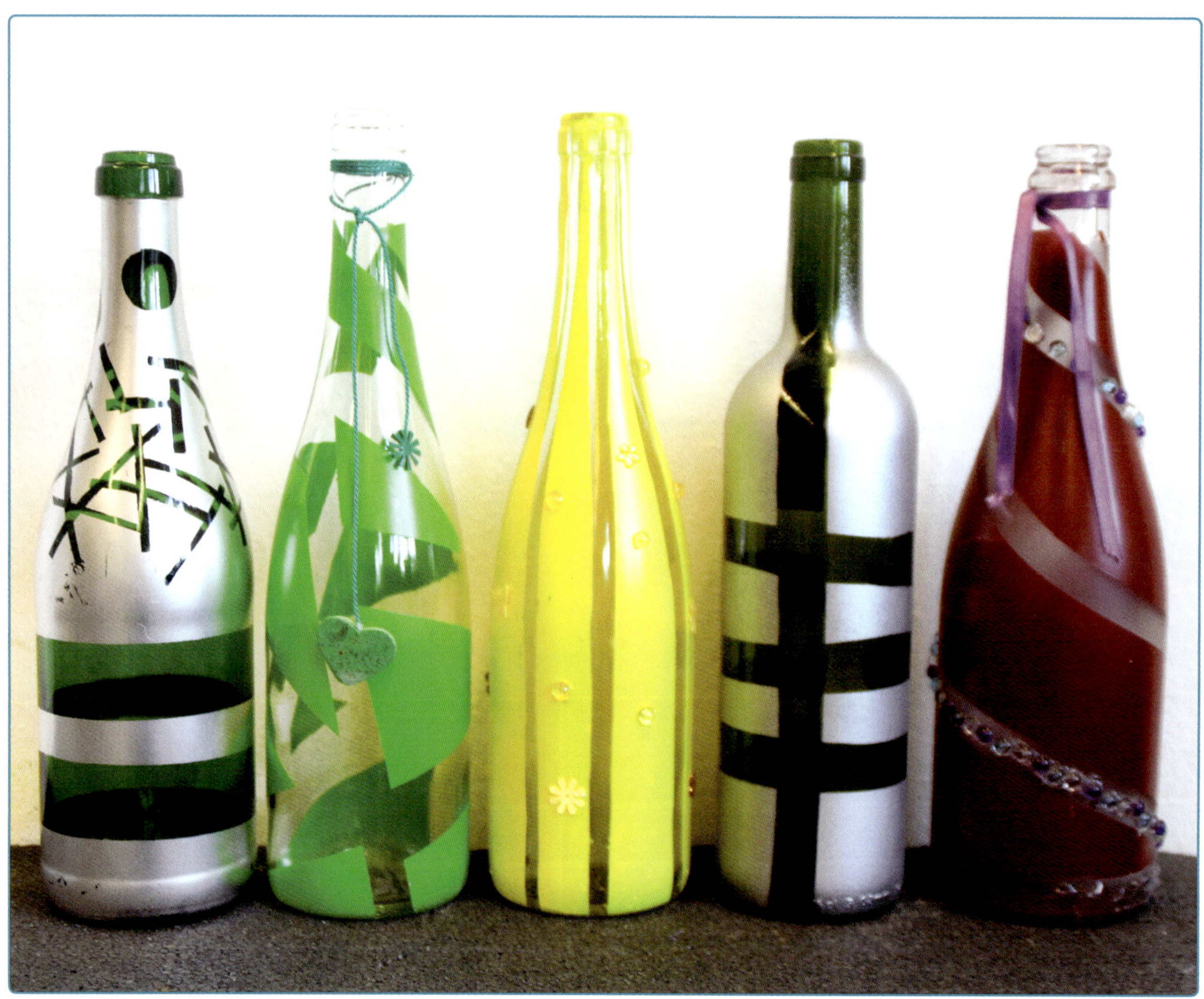

Blumenvase

Mit Wolle oder Paketschnur beklebte Flaschen

- Für das Bekleben oder Umwickeln mit Wolle/Paketschnur braucht ihr doppelseitiges Klebeband, das ihr an zwei bis vier Stellen der Flasche von oben nach unten festklebt.
- Umwickelt die Flasche mit Wolle oder Paketschnur. Beginnt am Flaschenhals und überwickelt den Anfang der Schnur, damit er auch gut hält. Am Ende angekommen, hilft ein Tropfen Heißkleber, um die Schnur zu befestigen.
- Ist die Flasche fertig umwickelt, könnt ihr sie zusätzlich mit ein paar Kleinteilen verzieren.

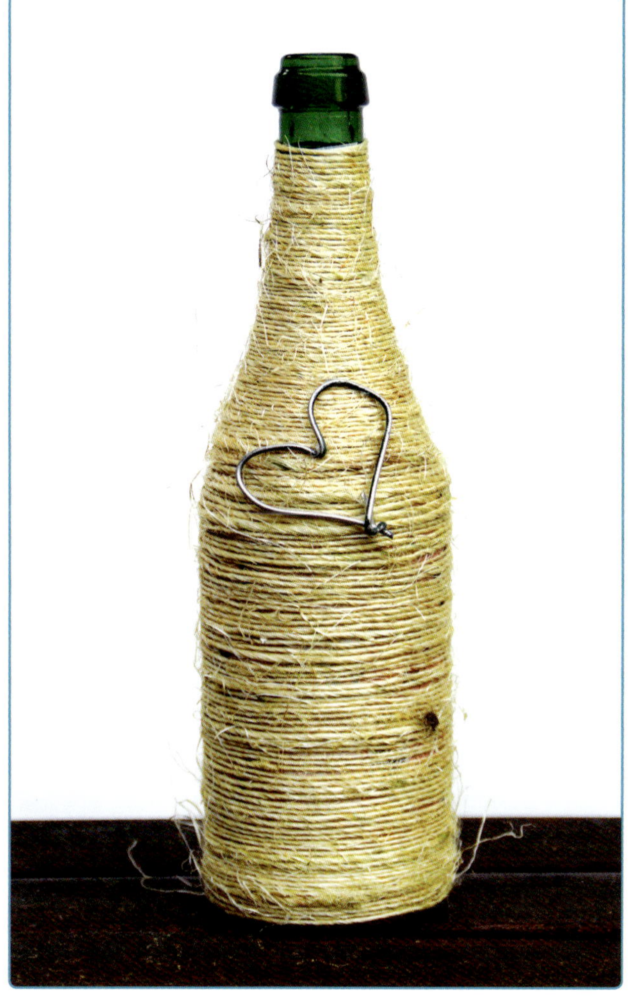

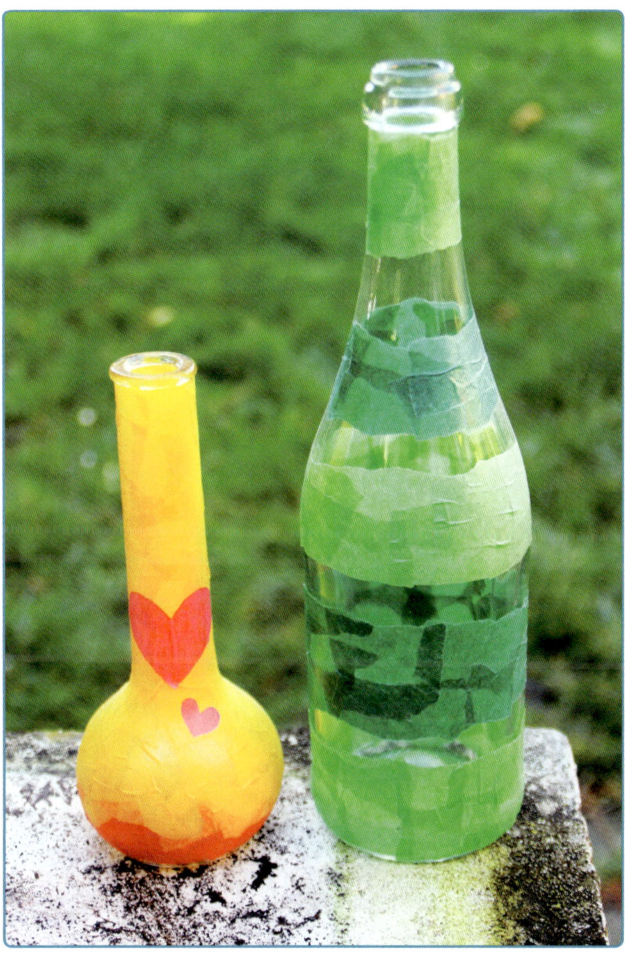

Mit Transparentpapier beklebte Flaschen

- Reißt das Transparentpapier in kleine Stücke.
- Kleistert die Flasche ein und klebt die Papierschnipsel nacheinander auf die Flasche. Nehmt hierfür am besten einen Pinsel zu Hilfe, mit dem ihr das Papier leicht andrückt und es vor dem Ankleben der nächsten Schnipsel nochmals überkleistert. Die Papierschnipsel sollten ein wenig überlappen, damit keine Löcher entstehen.
- Nachdem der Kleister getrocknet ist, besprüht ihr eure Flasche mit Klarlack. Das bringt die Oberfläche zum Glänzen und macht die Farbe länger haltbar.

Blumenvase

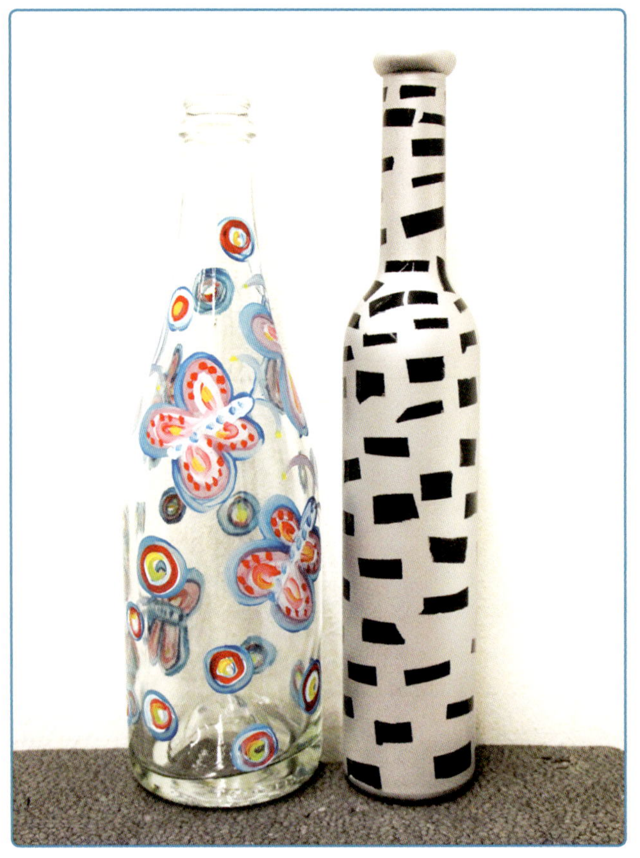

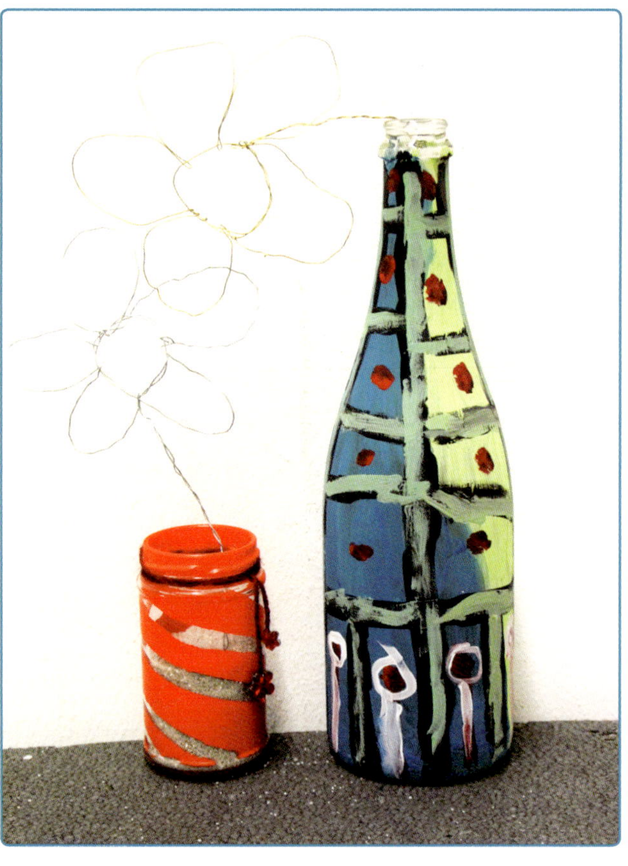

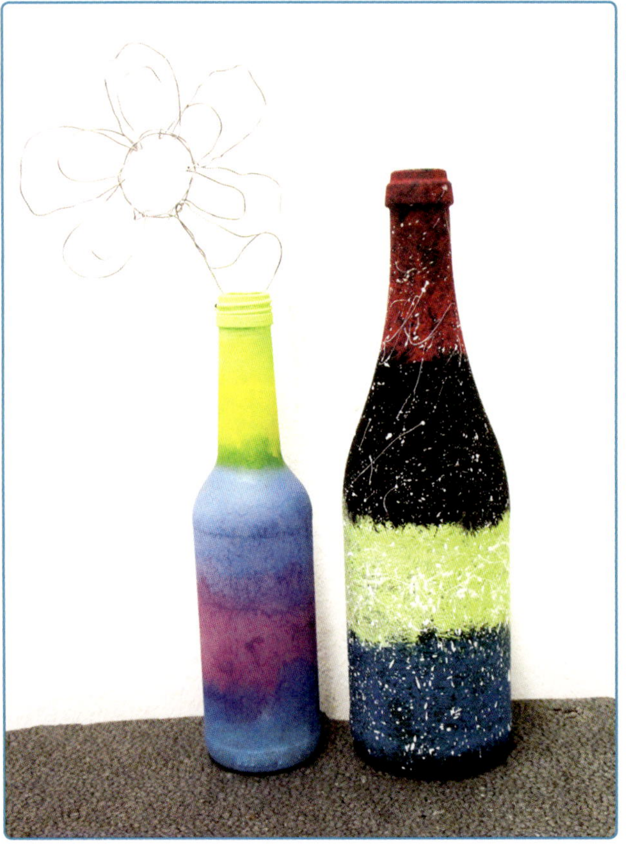

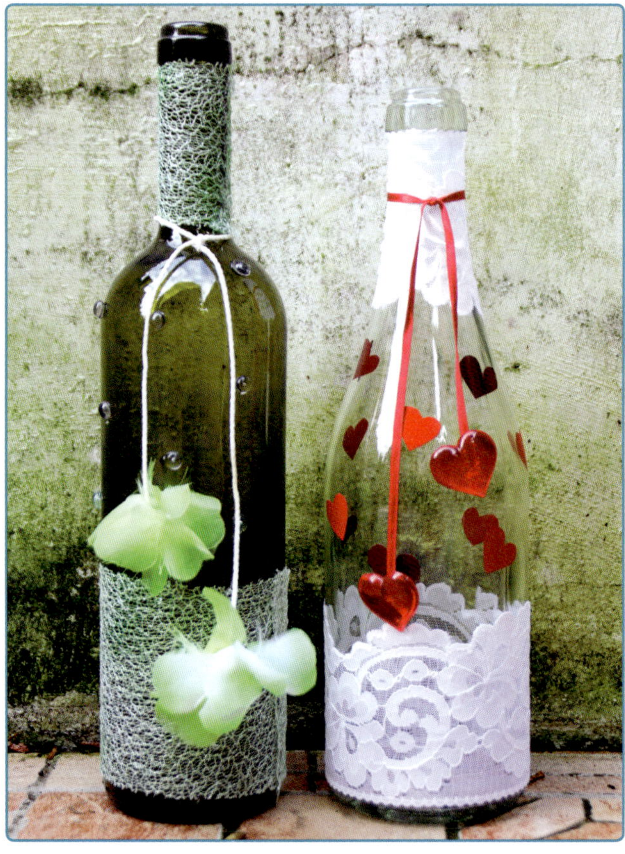

Geschenkverpackung

Zeitaufwand	1–2 Unterrichtsstunden
Schwierigkeitsstufe	leicht
Mithilfe des Lehrers	Fixierung der Farbe mit Klarlack, Betreuung der Heißkleberstation, Besprühen des Deckels mit Farbspray

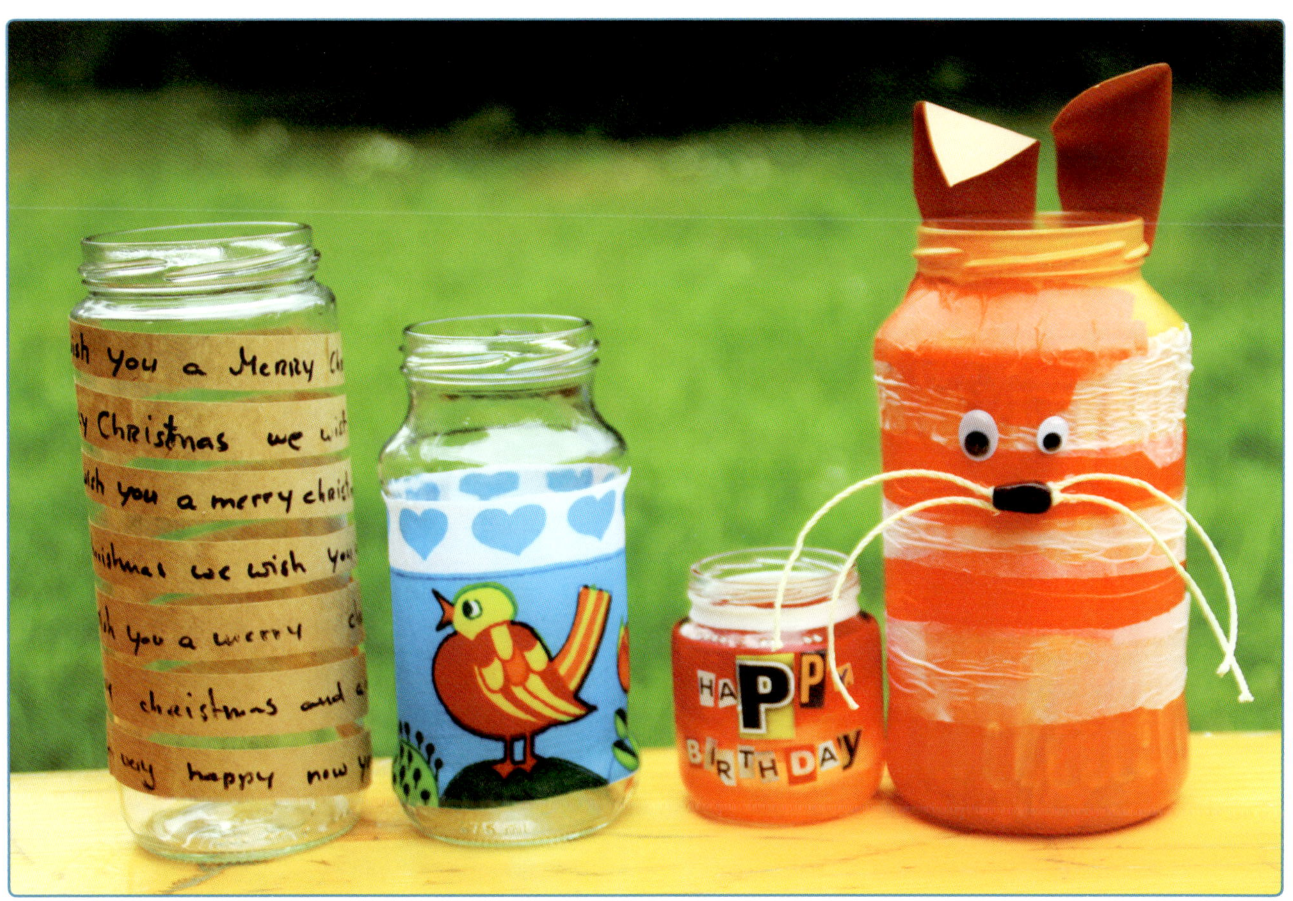

Kurzbeschreibung

Aus Gläsern, die normalerweise in den Container wandern, könnt ihr viele schöne Dinge zaubern – z. B. eine hübsche Geschenkverpackung für Kekse und Bonbons.

Material

- ✓ Glas, evtl. mit Deckel
- ✓ Transparentpapier
- ✓ Kleister, Pinsel
- ✓ Sammelsurium
- ✓ Heißkleber, Flüssigkleber
- ✓ Permanent-Marker
- ✓ Acrylfarbe, Pinsel
- ✓ Klarlack *(Sprühlack)*
- ✓ Kordel, Geschenkband
- ✓ Schere

Für den Deckel

- ✓ Deckel
- ✓ Farbspray
- ✓ Stoff
- ✓ Gummi

Geschenkverpackung

So geht es

Das Glas sollte sauber und ohne Etikett sein. Am einfachsten könnt ihr das Etikett entfernen, wenn ihr das Glas in Wasser mit einem Spritzer Spülmittel einlegt. Ist es eingeweicht, fällt das Etikett meist von selbst ab. Der Kleberückstand lässt sich mit einem Schwamm leicht entfernen. Hartnäckige Etiketten könnt ihr mit einem Ceranfeld-Schaber abkratzen.

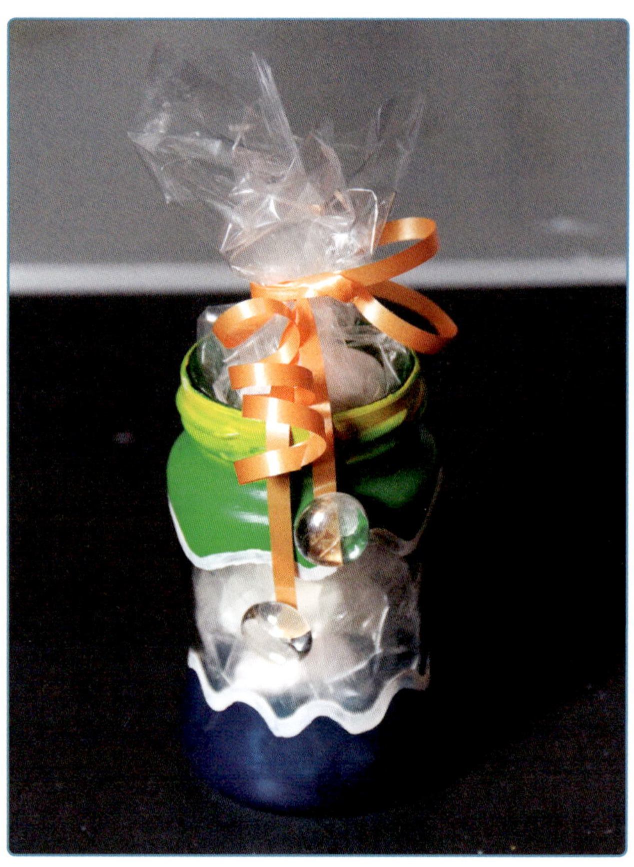

Glas mit Transparentpapier

- Reißt das Transparentpapier in kleine Stücke.
- Verteilt den Kleister mit einem Pinsel auf dem Glas. Legt ein Stück Transparentpapier auf und streicht es mit dem Kleisterpinsel glatt. Genauso verfahrt ihr auch mit dem restlichen Transparentpapier. Das Glas muss nicht vollständig beklebt werden. Ihr könnt z. B. ein Guckloch frei lassen oder das Glas nur zur Hälfte bekleben.
- Nachdem der Kleister getrocknet ist, könnt ihr das Glas noch weiter verzieren, z. B. mit Perlen, Pailletten, Bändern oder auch Permanent-Marker.

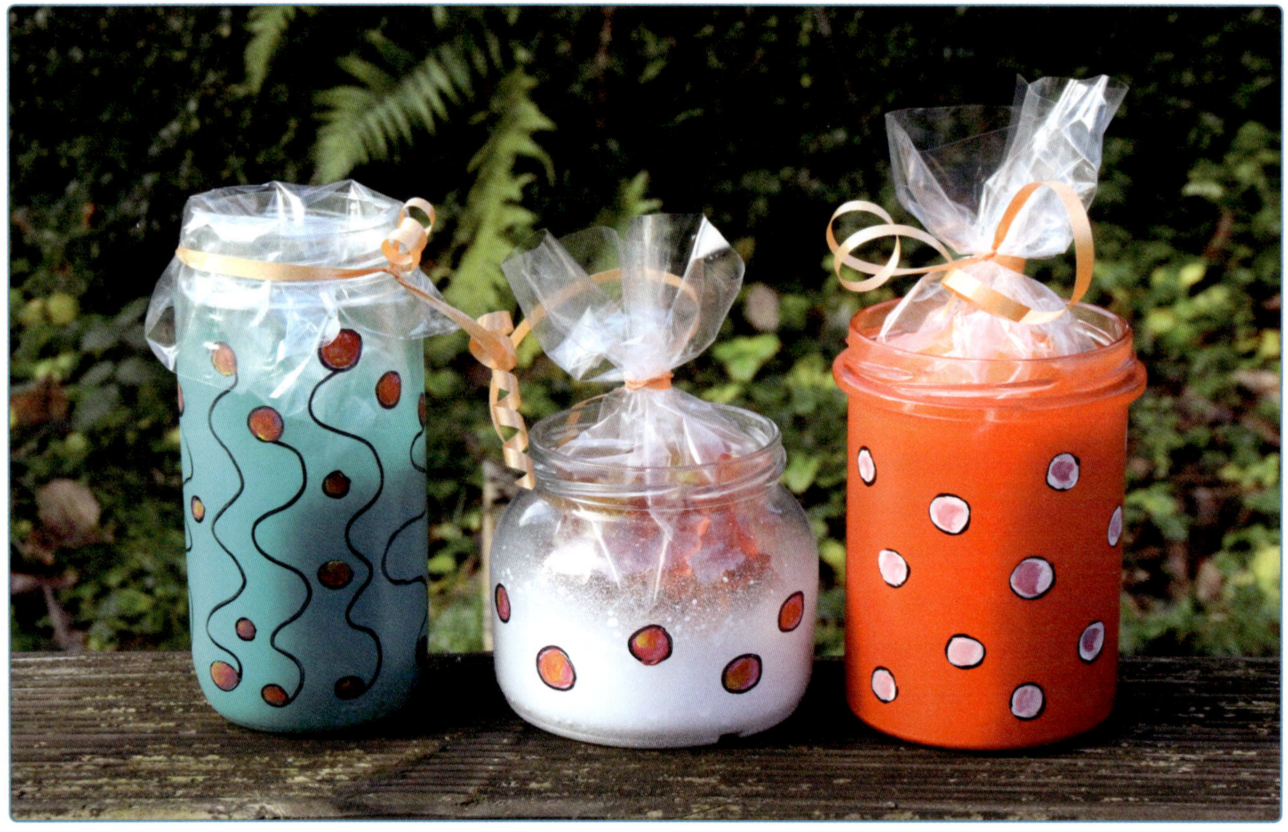

Geschenkverpackung

Geschenkverpackung mit Guckloch

- Eine schöne Idee ist es, euer Glas mit einem Guckloch zu versehen. Überlegt euch eine passende Form und zeichnet diese am besten mit einem Permanent-Marker auf das Glas.
- Malt die Fläche rund um das Guckloch mit Acrylfarbe an. Wenn ihr das Fenster zum Schluss mit einer auffälligen Farbe umrandet, kommt es besonders schön zur Geltung.
- Zum Schluss könnt ihr noch eine Kordel oder ein Geschenkband um den Glashals binden.

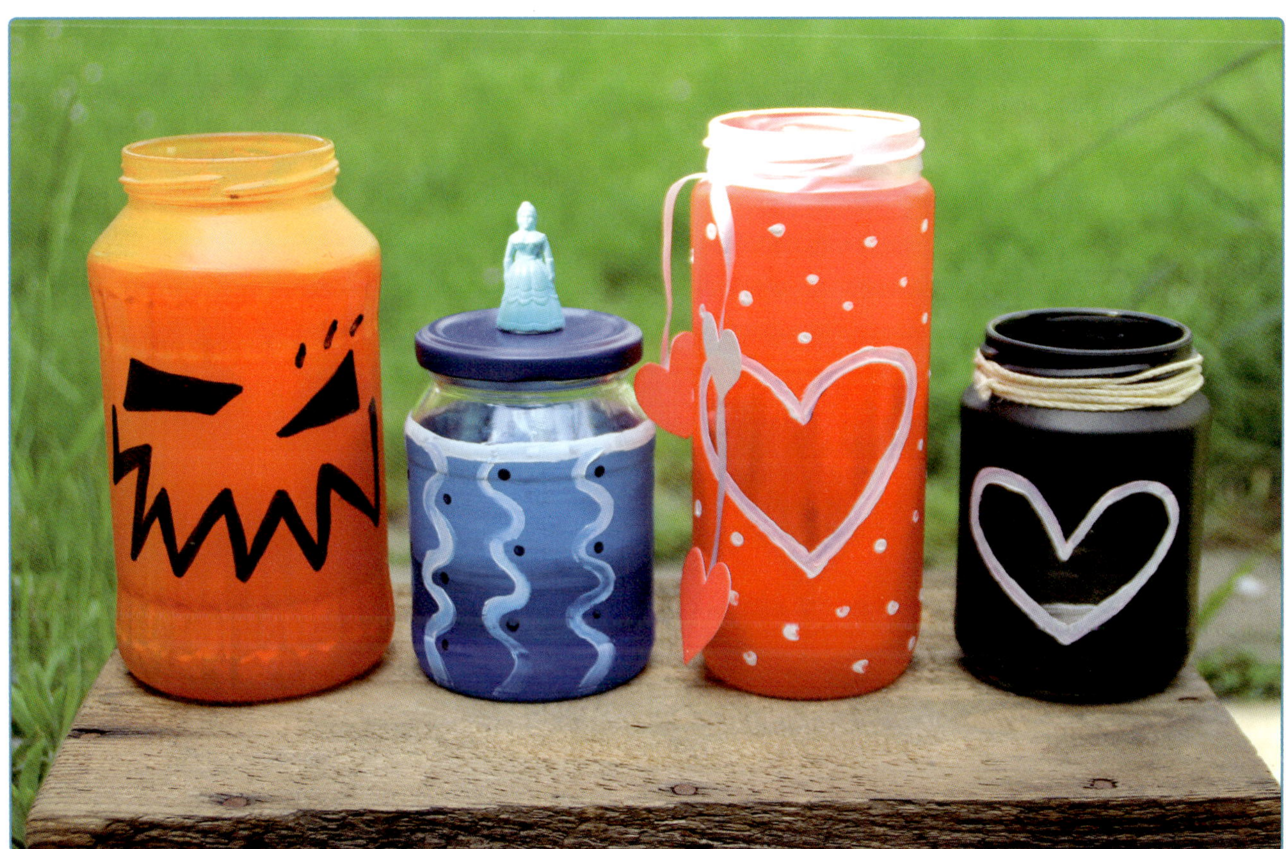

Geschenkverpackung

Glas mit Deckel

Den Deckel eures Glases könnt ihr auf verschiedene Arten gestalten.

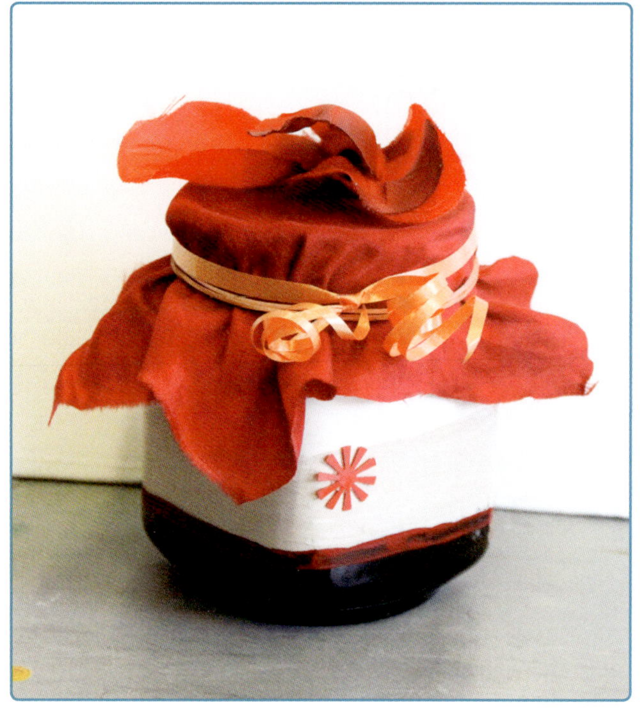

Bemalen und bekleben

- Malt den Deckel an und lasst die Farbe gut trocknen.
- Besprüht den Deckel mit Klarlack, damit die Farbe länger hält und vor Kratzern geschützt ist.
- Wenn ihr mögt, könnt ihr den bemalten Deckel zusätzlich bekleben. Wenn ihr im Glas z. B. Knöpfe aufbewahren möchtet, ist es praktisch, einen Knopf auf den Deckel zu kleben. So wisst ihr immer auf Anhieb, was sich im Glas befindet.

Besprühen

- Verwendet für den Deckel Farbspray. Es lässt sich besonders flächendeckend und gleichmäßig auftragen.

Bekleben mit Stoff

- Ihr könnt den Deckel auch mit einem Stück Stoff bekleben. Verwendet hierfür einen Stoff, der nach dem Schneiden nicht ausfranst.
- Schneidet den Stoff eckig oder rund zu. Das Stück Stoff sollte so groß sein, dass es etwa 3–4 cm über den Deckelrand hinausragt.
- Klebt den Deckel in der Mitte des Stoffes mit etwas Flüssigkleber fest.
- Schraubt den Deckel auf das Glas und spannt ein Gummi um das Tuch. Zusätzlich könnt ihr noch eine hübsche Kordel daran befestigen.
- Wenn ihr mögt, könnt ihr auf den bespannten Deckel noch einen kleinen, zu Stoff und Glas passenden Gegenstand kleben. Diesen befestigt ihr am besten mit Heißkleber.

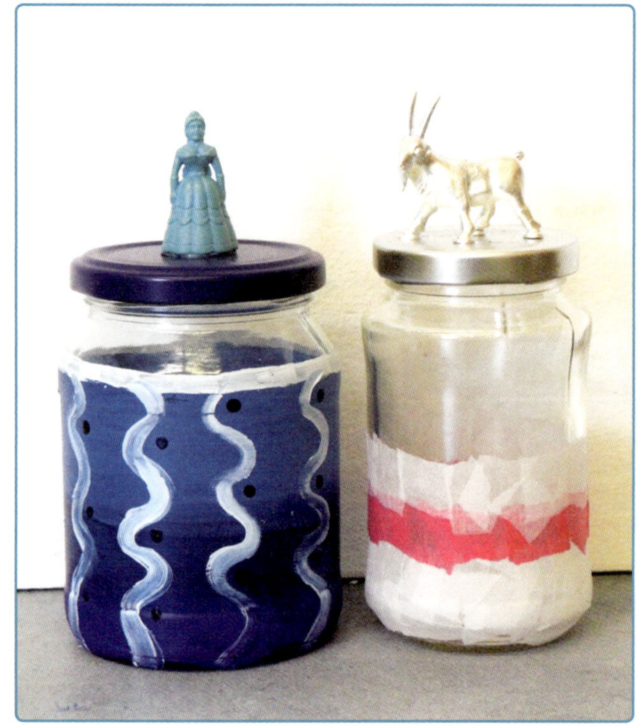

Projekt 8

Windlicht

Zeitaufwand	1–2 Unterrichtsstunden
Schwierigkeitsstufe	leicht
Mithilfe des Lehrers	Betreuung der Heißkleberstation

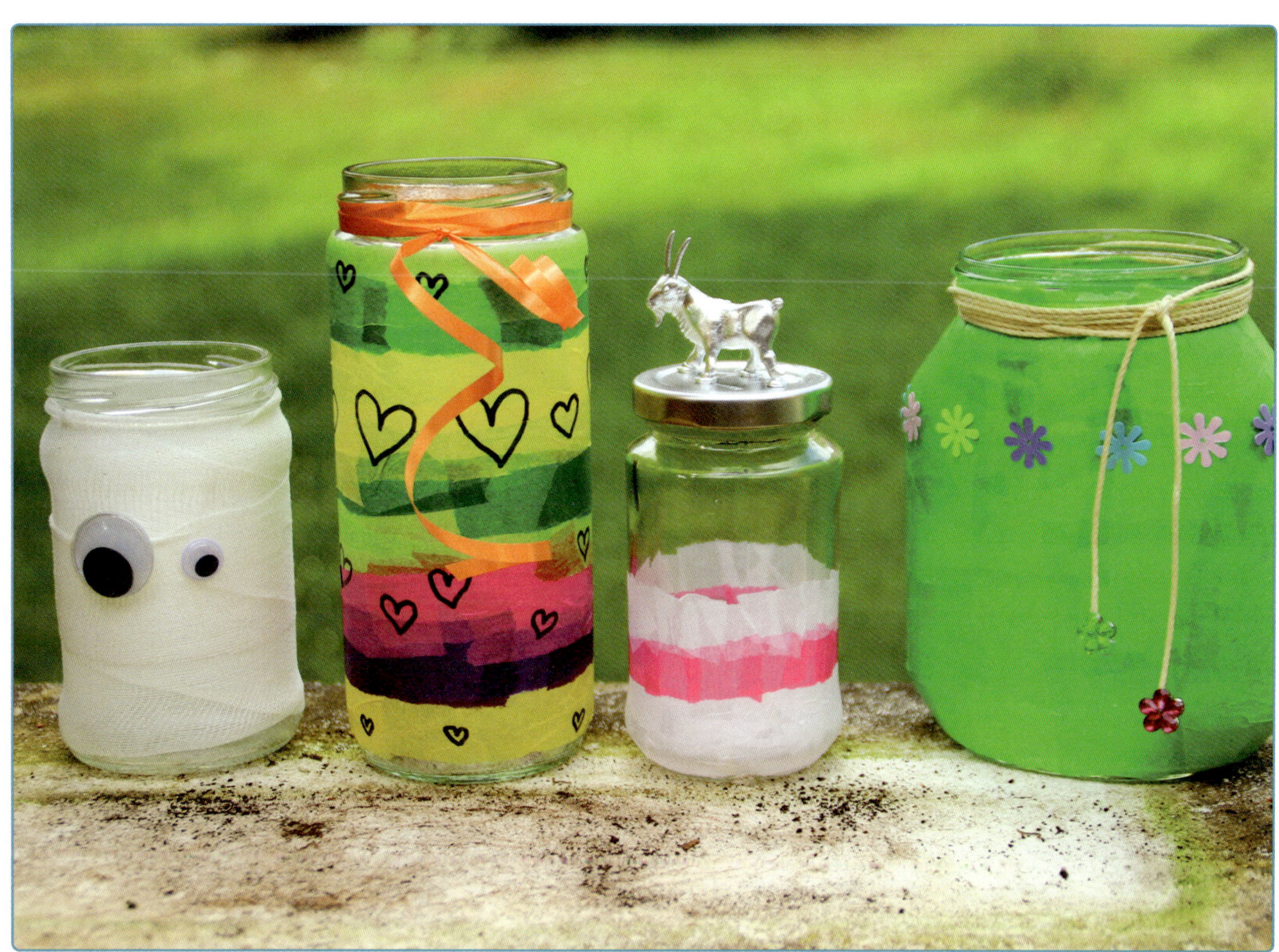

Kurzbeschreibung

Aus alten Marmeladengläsern könnt ihr schöne Windlichter gestalten und diese nach Lust und Laune bemalen oder bekleben.

Material

- ✓ Glas
- ✓ Acrylfarbe, Pinsel
- ✓ Klarlack *(Sprühlack)*
- ✓ Schnur
- ✓ Permanent-Marker
- ✓ Transparentpapier
- ✓ Kleister, Pinsel
- ✓ Sammelsurium

Für Mumien-Windlichter

- ✓ Mullbinde
- ✓ Wackelaugen
- ✓ Schere

Windlicht

So geht es

Das Glas sollte sauber und ohne Etikett sein. Am einfachsten könnt ihr das Etikett entfernen, wenn ihr das Glas in Wasser mit einem Spritzer Spülmittel einlegt. Ist es eingeweicht, fällt das Etikett meist von selbst ab. Der Kleberückstand lässt sich mit einem Schwamm leicht entfernen. Hartnäckige Etiketten könnt ihr mit einem Ceranfeld-Schaber abkratzen.

Windlichter komplett bemalt

- Verwendet für das Bemalen der Gläser am besten helle Farben. Denn wenn das ganze Glas bemalt werden soll, sind dunkle Farben weniger geeignet, da dann das Licht der Kerze kaum zu sehen ist.
- Wenn das Windlicht draußen stehen soll, besprüht ihr es am besten mit Klarlack. Dann ist die Farbe vor Witterung geschützt.
- Zum Schluss könnt ihr euer Windlicht noch weiter verzieren. Eine Schnur am Glashals oder ein Gesicht auf einem Halloween-Glas macht das Ganze noch hübscher.

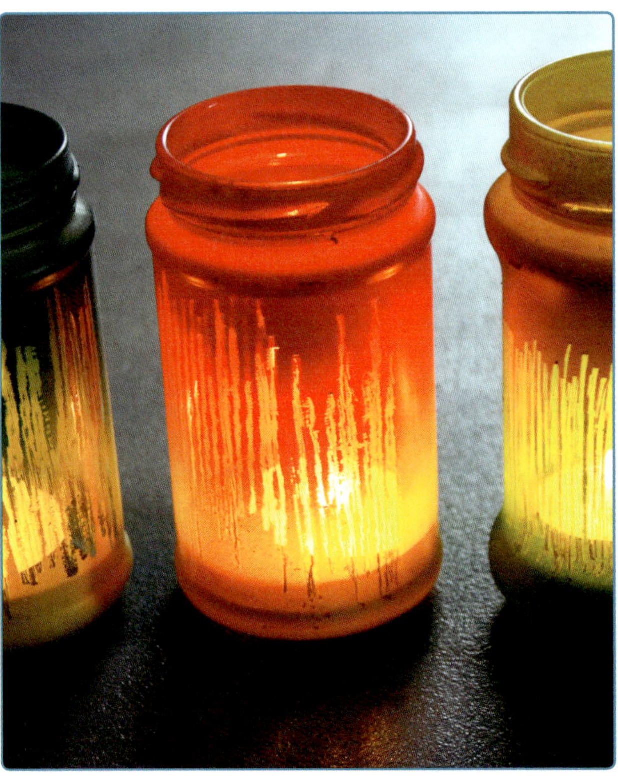

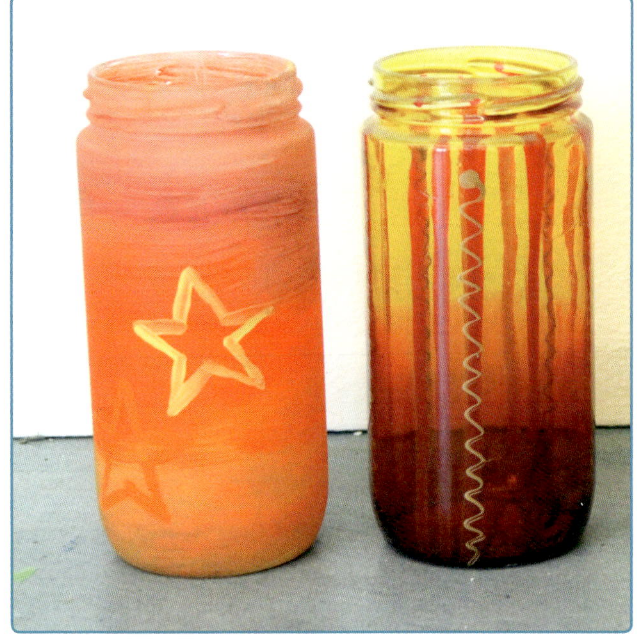

Glas mit Transparentpapier

- Reißt das Transparentpapier in kleine Stücke.
- Verteilt den Kleister mit einem Pinsel auf dem Glas. Legt ein Stück Transparentpapier auf und streicht es mit dem Kleisterpinsel glatt. Genauso verfahrt ihr auch mit dem restlichen Transparentpapier. Das Glas muss nicht vollständig beklebt werden. Ihr könnt z. B. ein Guckloch frei lassen oder das Glas nur zur Hälfte bekleben.
- Nachdem der Kleister getrocknet ist, könnt ihr das Glas noch weiterverzieren, z. B. mit Perlen, Pailletten, Bändern oder auch Permanent-Marker.

Mumien-Windlicht für Halloween

- Bestreicht das ganze Glas mit Kleister. Wickelt dann die Mullbinde um das Glas und bestreicht auch diese mit Kleister.
- Wenn der Kleister getrocknet ist, könnt ihr die Wackelaugen aufkleben.

Schüttelglas

Zeitaufwand	2 Unterrichtsstunden
Schwierigkeitsstufe	mittel
Mithilfe des Lehrers	Betreuung der Heißkleberstation, Befüllen des Glases mit Wasser

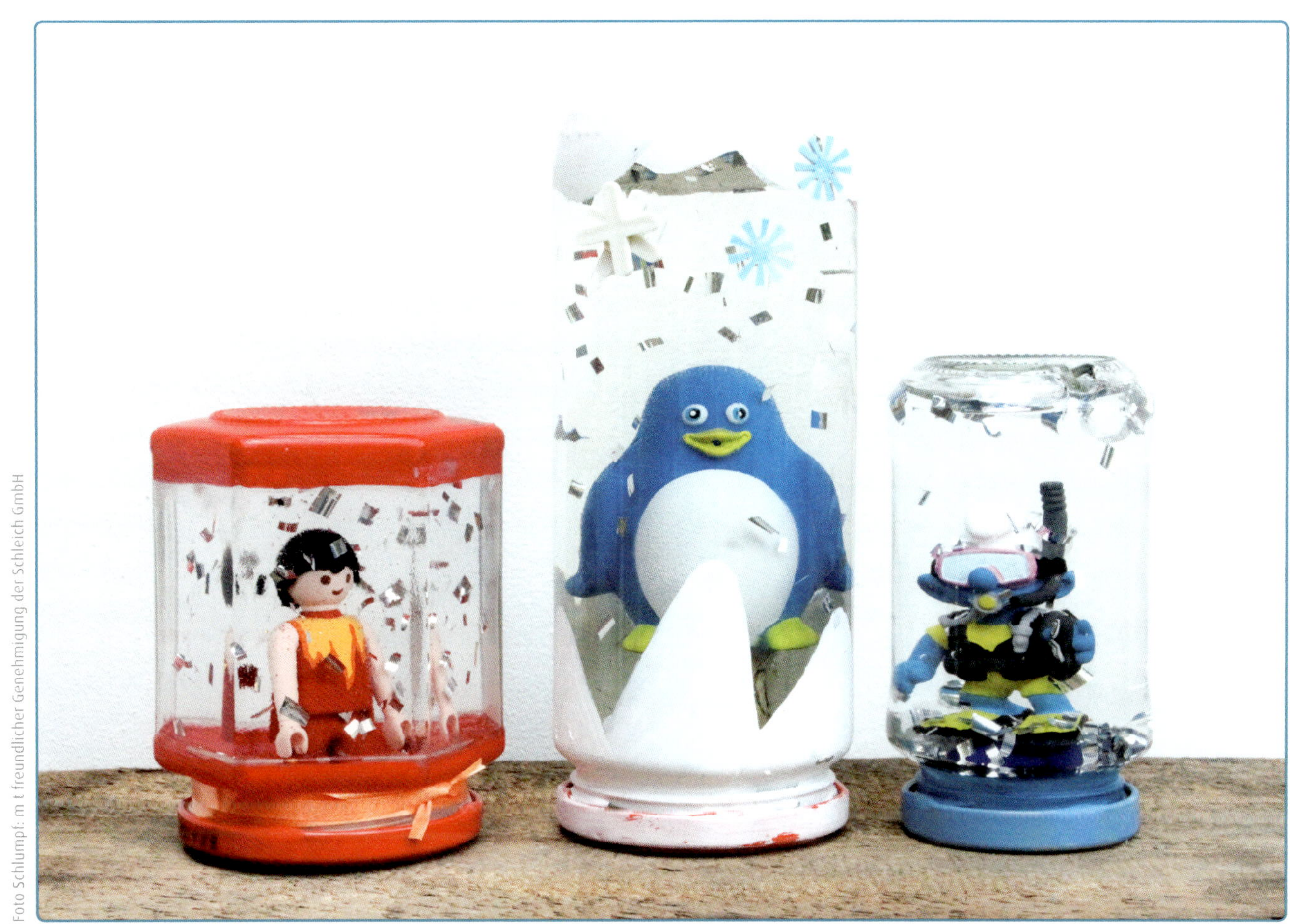

Foto Schlumpf: mit freundlicher Genehmigung der Schleich GmbH

Kurzbeschreibung

Aus einem dicht schließenden Glas könnt ihr euch ein Glitzer-Schüttelglas bauen. Die Besonderheit bei diesem Glas ist, dass nicht – wie bei einer Schneekugel – Schnee nach unten fällt, sondern Glitzer noch oben fliegt.

Material

- ✓ Glas mit Deckel
- ✓ Spielzeugfigur
- ✓ Heißkleber
- ✓ Aluminiumfolie
- ✓ Schere
- ✓ Wasser
- ✓ Acrylfarbe, Pinsel
- ✓ Schere
- ✓ Sammelsurium

Schüttelglas

So geht es

- Für das Schüttelglas braucht ihr zunächst ein gut schließendes Glas. Wascht das Glas gut aus und entfernt das Etikett. Am einfachsten könnt ihr das Etikett entfernen, wenn ihr das Glas in Wasser mit einem Spritzer Spülmittel einlegt. Ist es eingeweicht, fällt das Etikett meist von selbst ab. Der Kleberückstand lässt sich mit einem Schwamm leicht entfernen. Hartnäckige Etiketten könnt ihr mit einem Ceranfeld-Schaber abkratzen.
- Wählt eine Spielzeugfigur (z. B. Figur aus einem Überraschungs-Ei, PLAYMOBIL-Figur, Tierfigur), die später im Glitzerregen stehen soll, und klebt sie mit Heißkleber auf die Innenseite des Deckels. Die Figur sollte von der Größe zu eurem Glas passen.
- Schneidet die Aluminiumfolie in viele kleine Stücke. Je kleiner die Schnipsel sind, desto mehr Glitzerwirbel wird es nachher im Glas geben. Alternativ könnt ihr für die Schnipsel auch gebrauchtes Verpackungsmaterial aus Metallfolie (z. B. leere Chipstüte, Keks-Verpackung) verwenden.
- Gebt eure Glitzerschnipsel in das Glas und befüllt dieses mit Wasser. Füllt das Glas nicht bis zum Rand, da eure eingeklebte Figur noch Wasser verdrängen wird. Dann müsst ihr nach und nach etwas Wasser zugeben, bis nur noch ganz wenig Luft im Glas ist. Verschraubt das Glas fest und trocknet es ab.

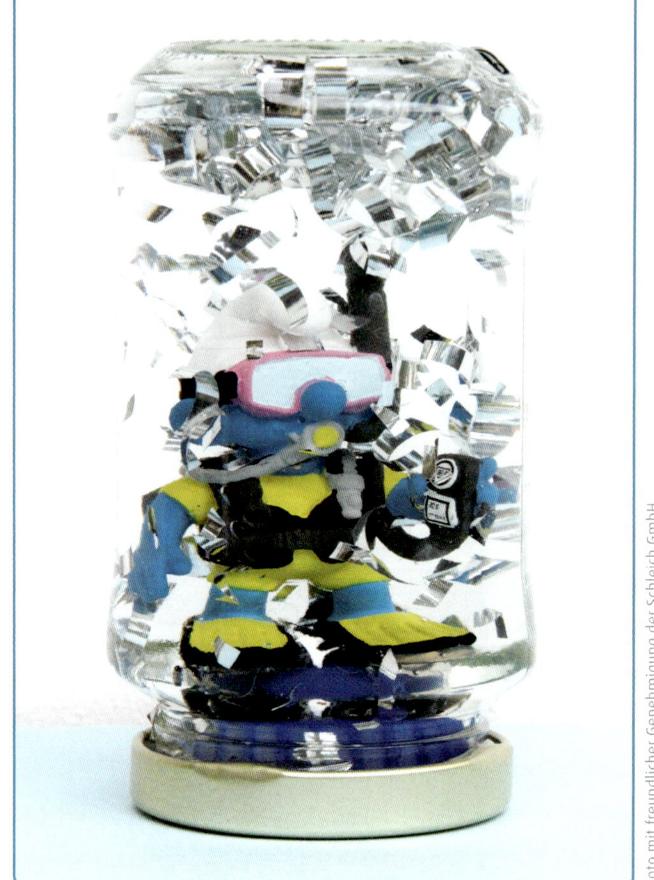

Foto mit freundlicher Genehmigung der Schleich GmbH

- Besonders schön sieht euer Glas aus, wenn ihr es von außen noch anmalt. Hierfür könnt ihr – wie im Pinguin-Beispiel – eine zur Figur passende Farbe und (Eisberg-)Landschaft wählen. Bemalt außerdem den oberen und den unteren Teil des Glases. Auf diese Weise könnt ihr die Luftblase im Glas verdecken.
- Ihr könnt das Glas auch bekleben. Schneeflocken aus Watte, ein wenig Kunstgras oder ein paar Blumen können ganz gut aussehen. Lasst allerdings genügend Platz für eure Hände, damit ihr das Glas auch gut schütteln könnt.

Seifenspender

Zeitaufwand	2 Unterrichtsstunden
Schwierigkeitsstufe	mittel
Mithilfe des Lehrers	Fixierung der Farbe mit Klarlack, Bedienung des Akkuschraubers/der Bohrmaschine

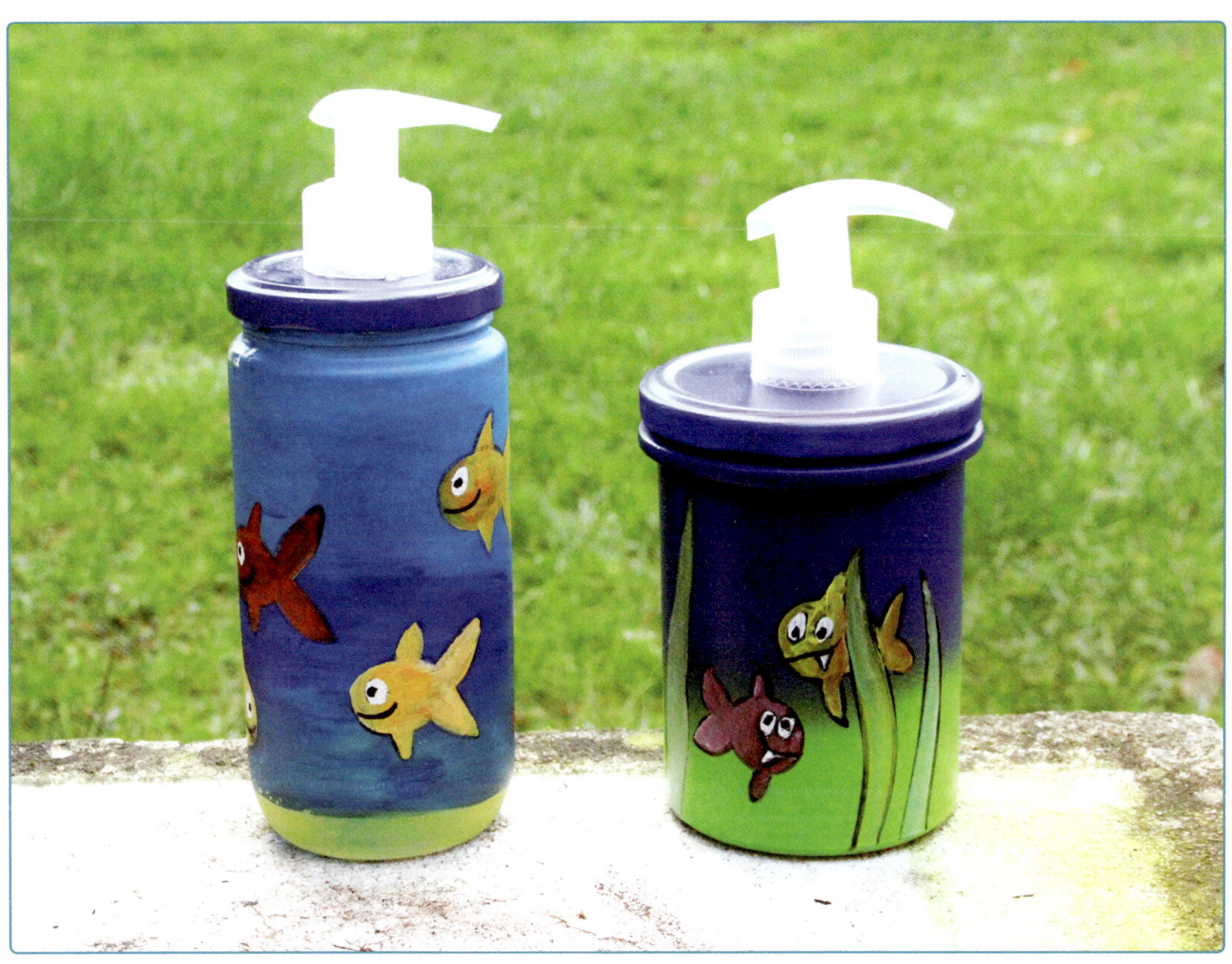

Kurzbeschreibung

Aus alten Gläsern könnt ihr einen tollen Seifenspender gestalten, der sich immer wieder neu befüllen und verwenden lässt.

Material

- ✓ Glas mit Deckel
- ✓ Akkubohrer/Bohrmaschine
- ✓ Seifenspenderpumpe
- ✓ Acrylfarbe, Pinsel
- ✓ Klarlack *(Sprühlack)*
- ✓ evtl. Fön
- ✓ Heißkleber

Projekt 10

Seifenspender

So geht es

- Sucht euch zunächst ein Glas, das der Größe der Seifenspenderpumpe entspricht. Ein Würstchen-Glas eignet sich meist sehr gut. Säubert das Glas und entfernt das Etikett. Am einfachsten könnt ihr das Etikett entfernen, wenn ihr das Glas in Wasser mit einem Spritzer Spülmittel einlegt. Ist es eingeweicht, fällt das Etikett meist von selbst ab. Der Kleberückstand lässt sich mit einem Schwamm leicht entfernen. Hartnäckige Etiketten könnt ihr mit einem Ceranfeld-Schaber abkratzen.
- Schraubt den Deckel auf das Glas und bohrt in seine Mitte ein Loch mit dem Durchmesser der Spenderpumpe. Hierfür lasst ihr euch am besten von einem Erwachsenen helfen.
- Bemalt den Deckel und das Glas mit Acrylfarbe. Wenn ihr viele Verzierungen plant, ist es am einfachsten, das Glas erst einmal in einer Farbe zu grundieren. Sobald die Farbe getrocknet ist, könnt ihr die Verzierungen ergänzen. Der Trocknungsvorgang lässt sich mit einem Fön beschleunigen.
- Sind Glas und Deckel getrocknet, solltet ihr sie mit Klarlack besprühen. So hält die Farbe besser und ist vor Wasser geschützt.
- Schraubt den Deckel auf das Glas und fixiert die Spenderpumpe mit etwas Heißkleber auf dem Deckel. Nun ist der neue Seifenspender bereit, befüllt zu werden.

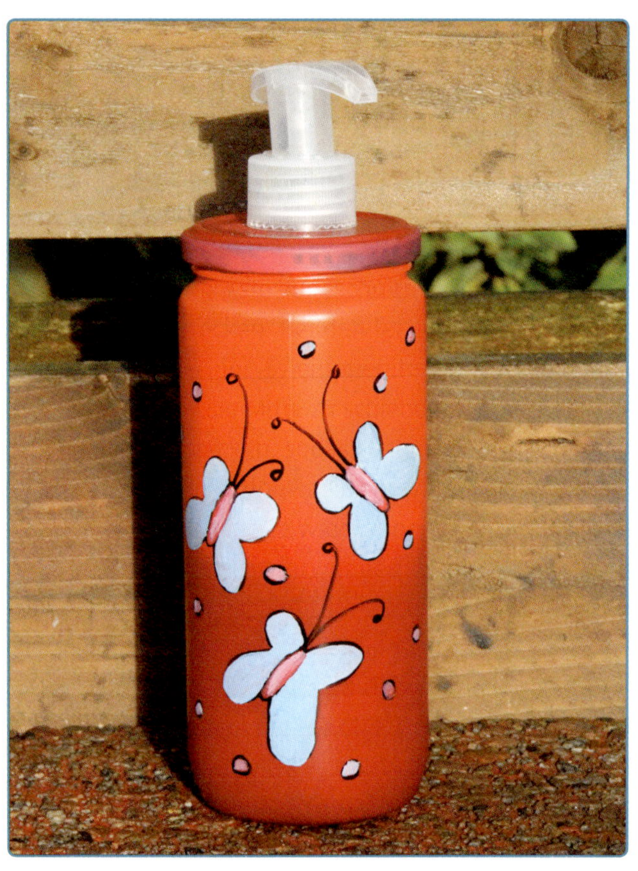

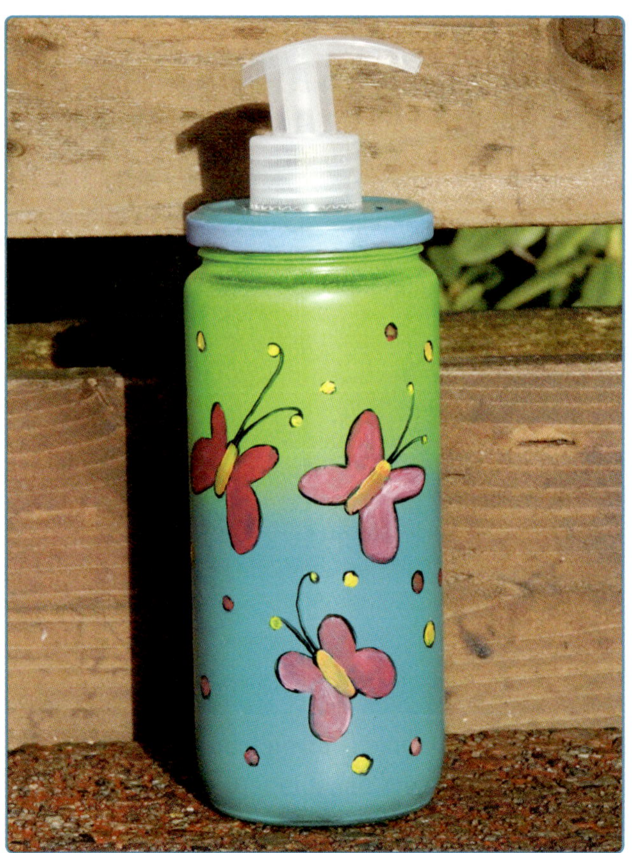

Plastik

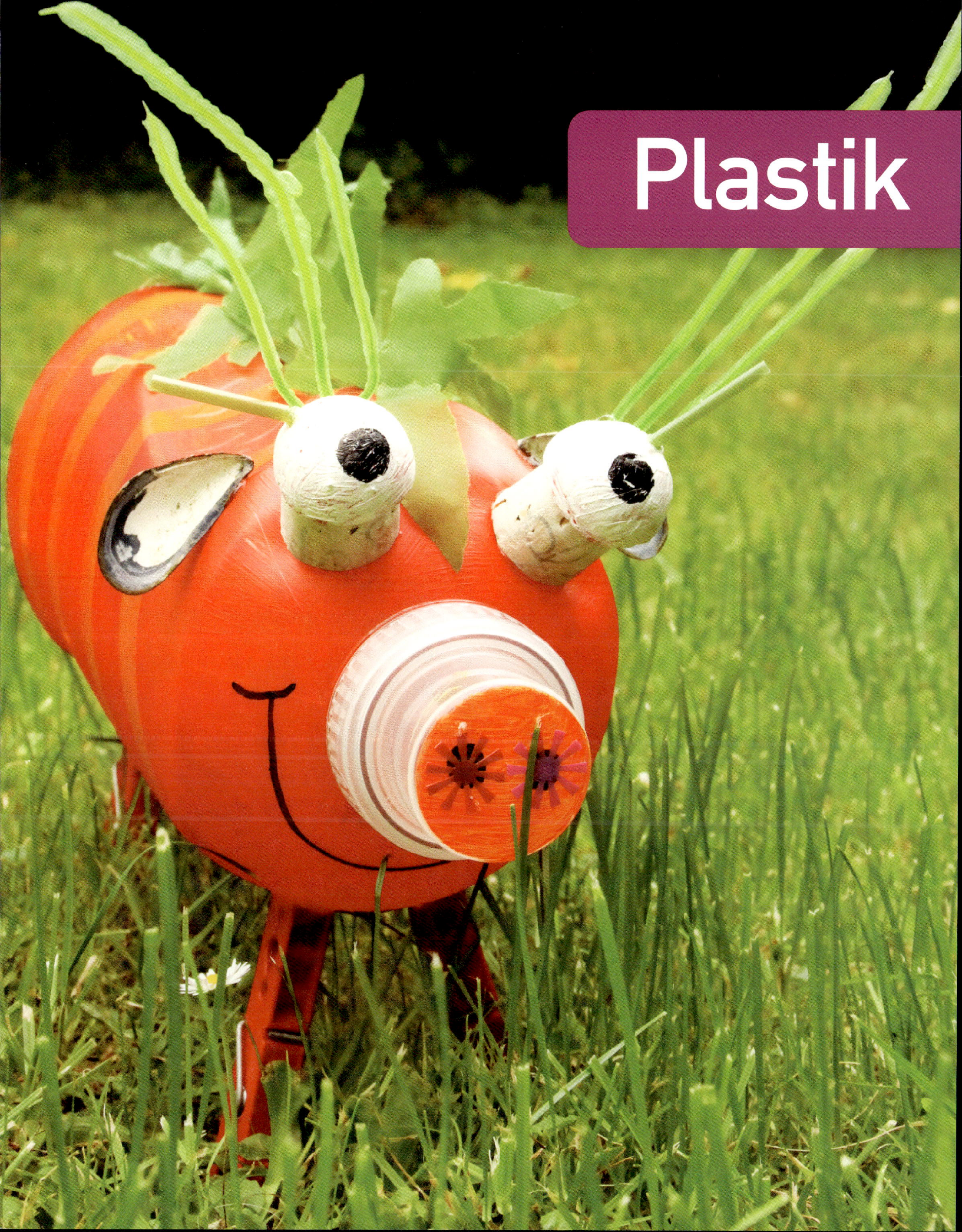

Projekt
11

Monster-Wandhalter

Zeitaufwand	1 Unterrichtsstunde
Schwierigkeitsstufe	mittel
Mithilfe des Lehrers	Aufschneiden der Flasche, Betreuung der Heißkleberstation

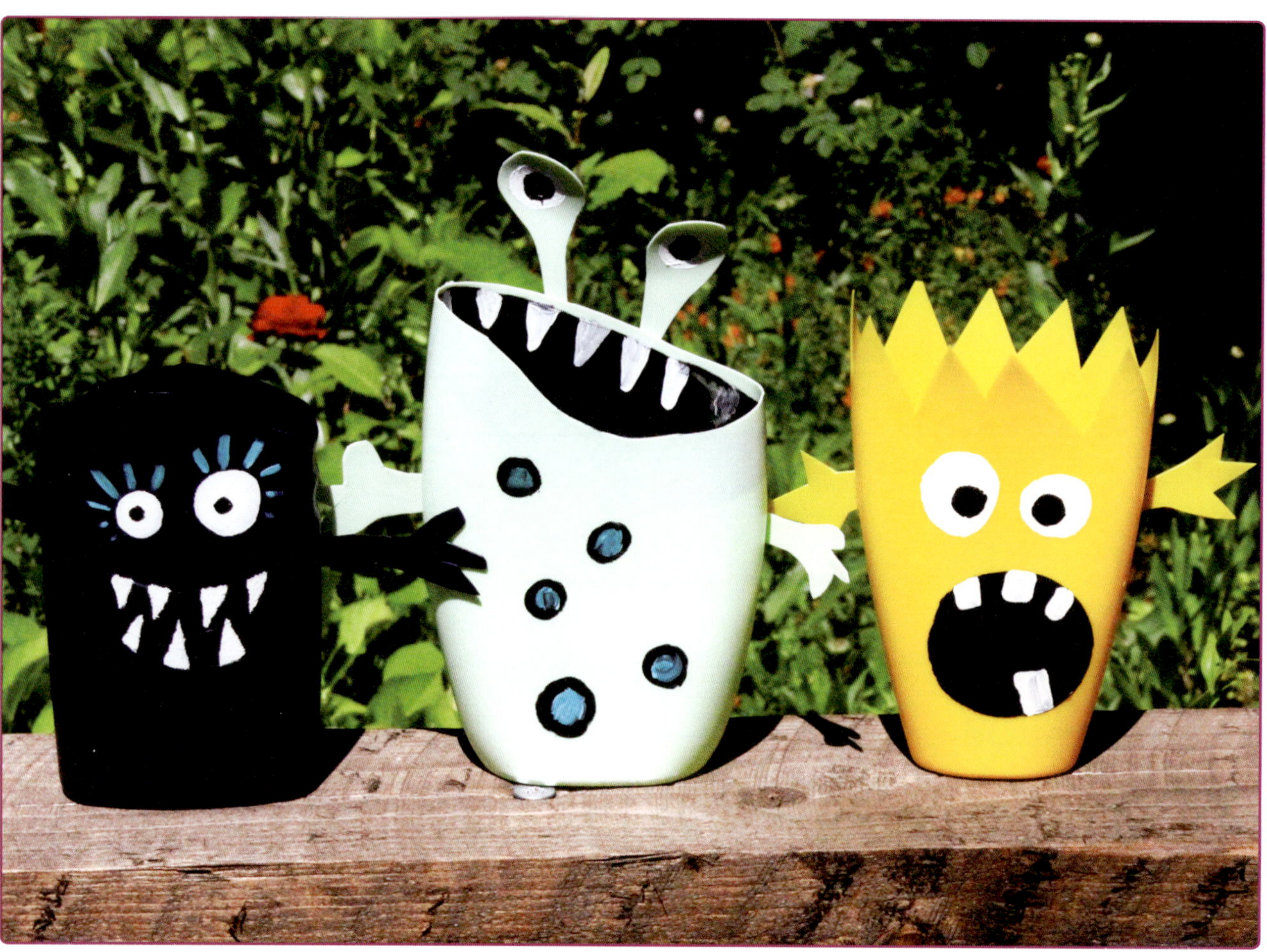

Kurzbeschreibung

Aus leeren Shampoo- oder Duschgel-Flaschen könnt ihr lustige Monster-Wandhalter bauen. Diese können dann Stifte, Zahnbürsten oder Sonstiges beinhalten.

Material

- ✓ Shampoo- oder Duschgelflasche
- ✓ Teppichmesser
- ✓ Schere
- ✓ Heißkleber
- ✓ Acrylfarbe und Pinsel oder Folie und Flüssigkleber
- ✓ Klebestrip oder Hammer und Nagel oder Akkubohrer und Schraube

Monster-Wandhalter

So geht es

- Als Erstes müsst ihr das Etikett der Flasche entfernen. Bei Shampoo- und Duschgelflaschen geht das ganz einfach und meist ohne Rückstände.
- Lasst die Flasche von einem Erwachsenen mit einem Teppichmesser aufschneiden. Zu empfehlen ist ein glatter durchgehender Schnitt im oberen Bereich der Flasche.
- Wascht die Flasche aus und trocknet sie gut ab.
- Jetzt könnt ihr mit einer Schere den oberen Teil eures Monster-Wandhalters gestalten. Wenn ihr befürchtet, falsch zu schneiden, malt die Schnittlinien einfach vorher auf.
- Aus den Reststücken könnt ihr z. B. Arme oder Stielaugen schneiden und sie mit etwas Heißkleber am hinteren Teil der Flasche befestigen.
- Gestaltet eurem Monster-Wandhalter ein passendes Gesicht. Auch hier könnt ihr die Umrisse zuerst vorzeichnen und diese dann mit Acrylfarbe ausmalen.
- Wenn ihr den Wandhalter an einem feuchten Platz, z. B. in der Dusche, aufhängen wollt, verwendet ihr anstelle der Acrylfarbe am besten farbige Folie. Schneidet die benötigten Körperteile aus und befestigt sie mit etwas Klebstoff auf der Flasche.
- Zum Schluss hängt ihr euren Wandhalter an einem Ort eurer Wahl auf. Je nachdem, wo ihr den Wandhalter befestigen wollt und wie schwer er beladen werden soll, verwendet ihr hierfür einen Klebestrip, einen Nagel oder eine Schraube mit dem passenden Werkzeug.

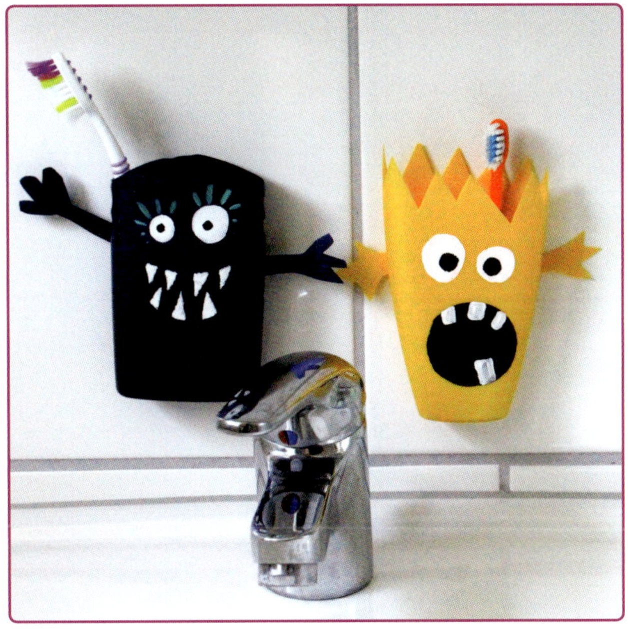

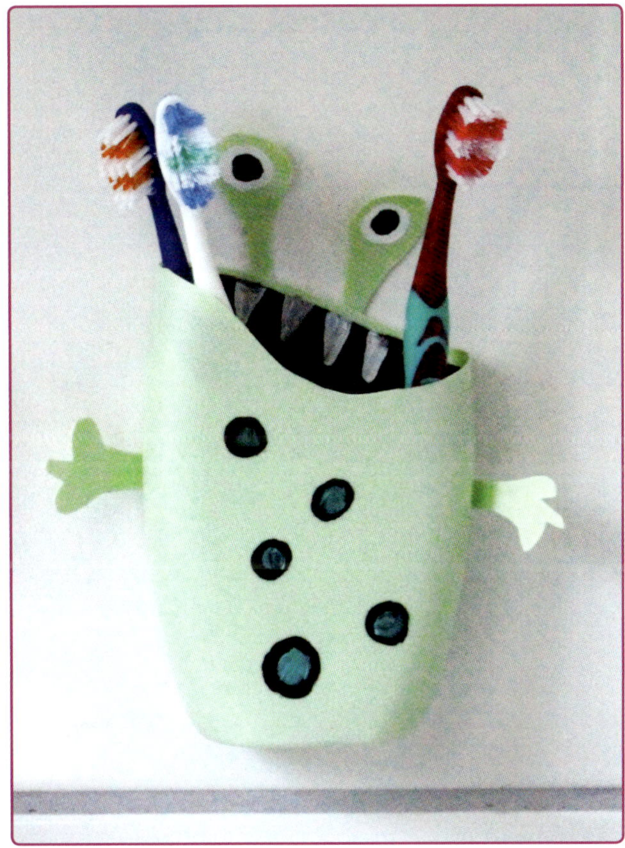

Projekt 11

Monster-Wandhalter

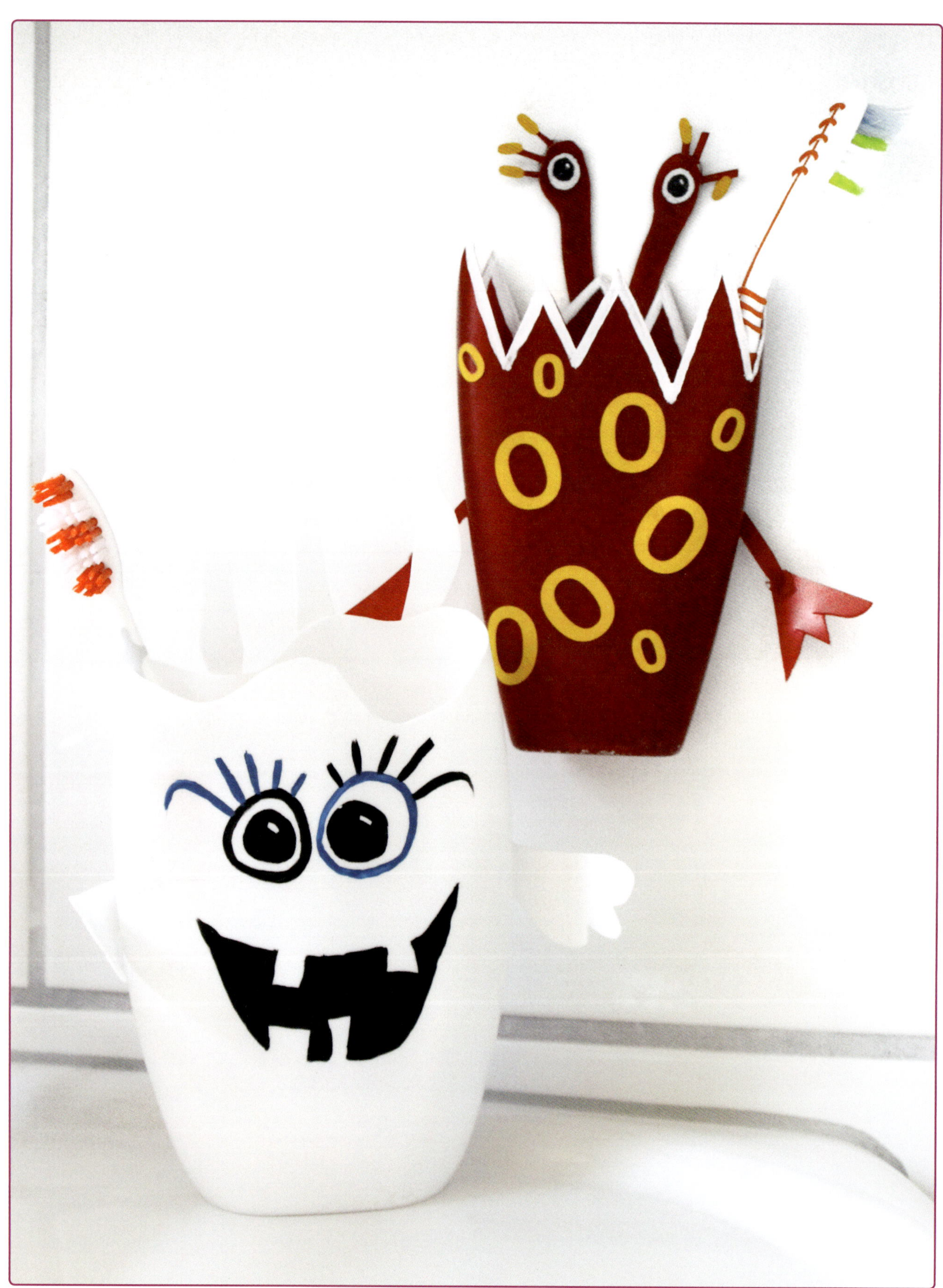

Vogelfutter-Flasche

Zeitaufwand	1 Unterrichtsstunde
Schwierigkeitsstufe	leicht
Mithilfe des Lehrers	Betreuung der Heißkleberstation

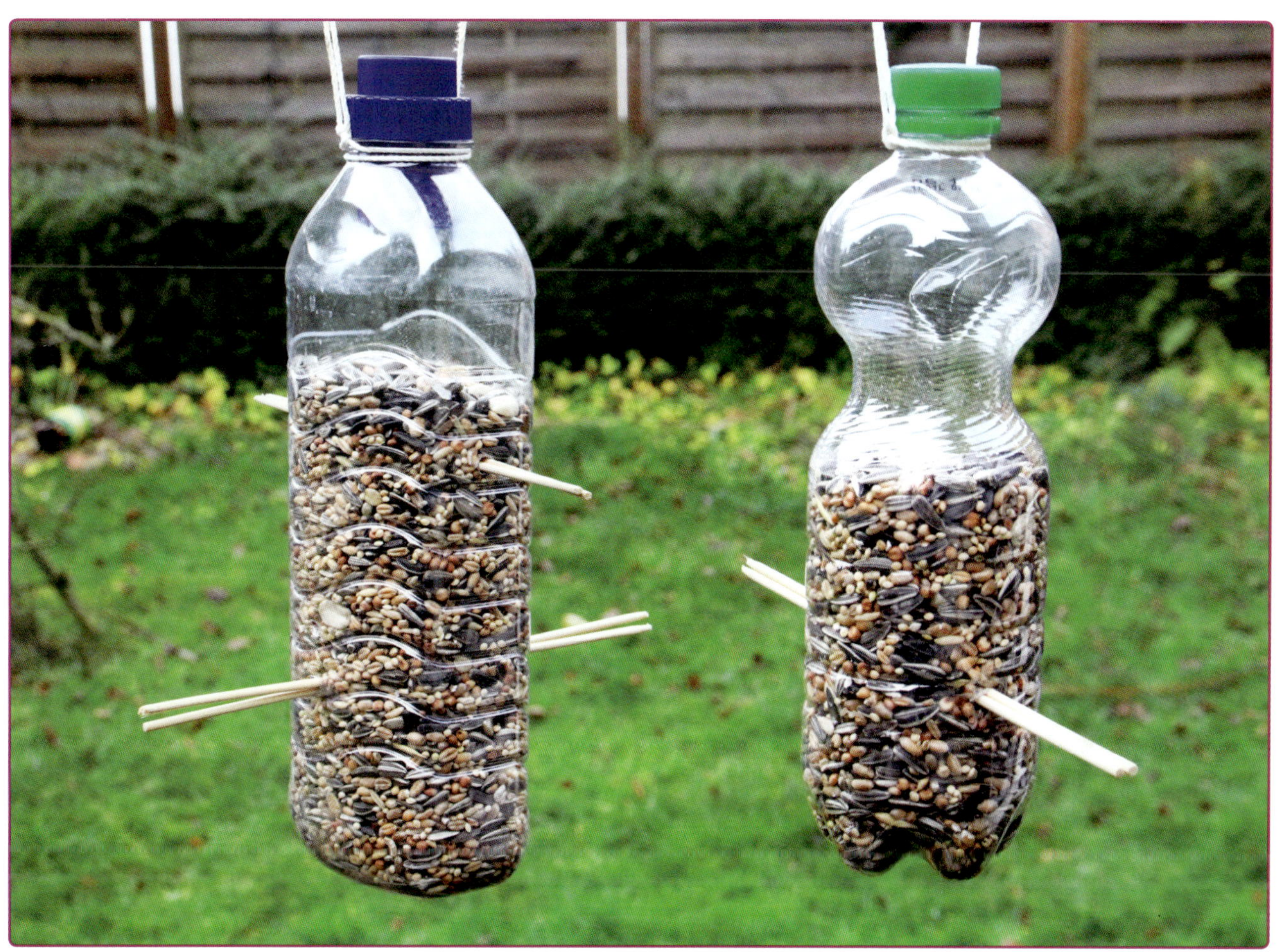

Kurzbeschreibung

Viele Vögel finden im Winter nicht genügend Futter. Mit der Vogelfutter-Flasche könnt ihr aus einer einfachen Plastikflasche einen tollen Futterplatz für kleine Vögel bauen.

Material

- ✓ Plastikflasche
- ✓ Prickelnadel
- ✓ Schere
- ✓ Holzstab, etwa 20 cm lang
- ✓ Heißkleber
- ✓ Reis
- ✓ Vogelfutter
- ✓ Schnur

Projekt 12

Vogelfutter-Flasche

So geht es

- Wascht die Flasche sorgfältig aus. Es dürfen kein Weichspüler, Waschmittel, Eistee oder sonstige Flüssigkeiten mehr enthalten sein. Nun müsst ihr die Flasche gut abtrocknen. Ist die Flasche von innen feucht, kann es sein, dass das eingefüllte Futter schimmelt. Das wäre für die Vögel sehr schlecht.
- Stecht mit einer Prickelnadel im unteren Bereich der Flasche zwei gegenüberliegende Löcher. Vergrößert die Löcher, indem ihr eine geschlossene Schere in sie hineinhaltet und die Schere dreht. Je weiter ihr dreht, desto größer werden die Löcher. Sie sollten nicht größer sein als der Durchmesser des Holzstabs.
- Schiebt den Holzstab erst durch das eine, dann durch das andere Loch und fixiert ihn mit etwas Heißkleber, damit er nicht herausrutschen kann. Nun hat eure Futter-Flasche Platz für zwei Vögel. Ihr könnt natürlich noch weitere Holzstäbe an der Flasche anbringen. Achtet darauf, dass die Holzstäbe genügend Abstand zueinander haben und etwas versetzt angebracht werden. So kann die Futter-Flasche von mehreren Vögeln gleichzeitig genutzt werden.
- Stecht direkt über dem Holzstab ein paar Löcher in die Flasche und vergrößert sie ein wenig. Die Löcher dienen dazu, dass die Vögel, die später auf dem Holzstab sitzen, das Futter aus dem Inneren der Flasche herauspicken können.
- Da die Futterflasche später draußen aufgehängt werden soll, kann es passieren, dass etwas Regenwasser ins Innere der Flasche gelangt. Stecht deshalb auch in den Flaschenboden ein paar kleine Löcher, damit das Wasser abfließen kann.
- Befüllt die Flasche bis auf Höhe des Holzstabes mit etwas Reis (die Vögel sollen ihn später nicht herauspicken können). Dieser schützt das Futter vor Schimmel, indem er eventuelle Feuchtigkeit im Inneren der Flasche aufsaugt.

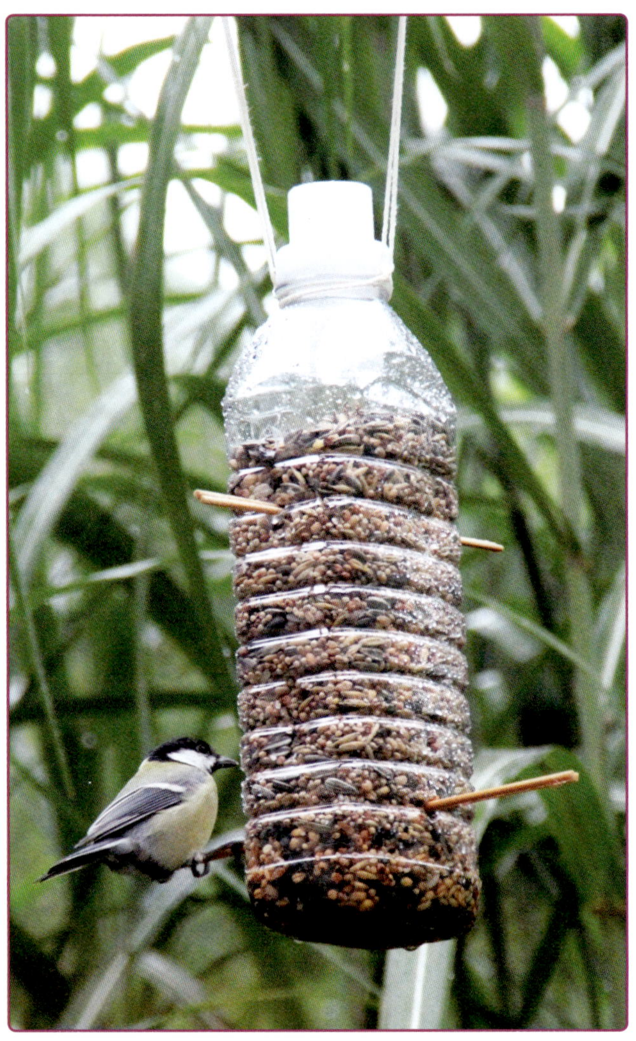

- Jetzt könnt ihr das Vogelfutter einfüllen.
- Verschließt die Flasche mit dem Deckel und bindet eine Schnur um den Flaschenhals. Diese könnt ihr zusätzlich mit etwas Heißkleber fixieren.
- Hängt die Futterflasche im Freien auf. Sucht hierfür einen geschützten Platz, an dem sie vor Regen, Katzen und Hunden sicher ist.

Schwimm-Tiere für die Badewanne

Zeitaufwand	1 Unterrichtsstunde
Schwierigkeitsstufe	leicht
Mithilfe des Lehrers	Betreuung der Heißkleberstation

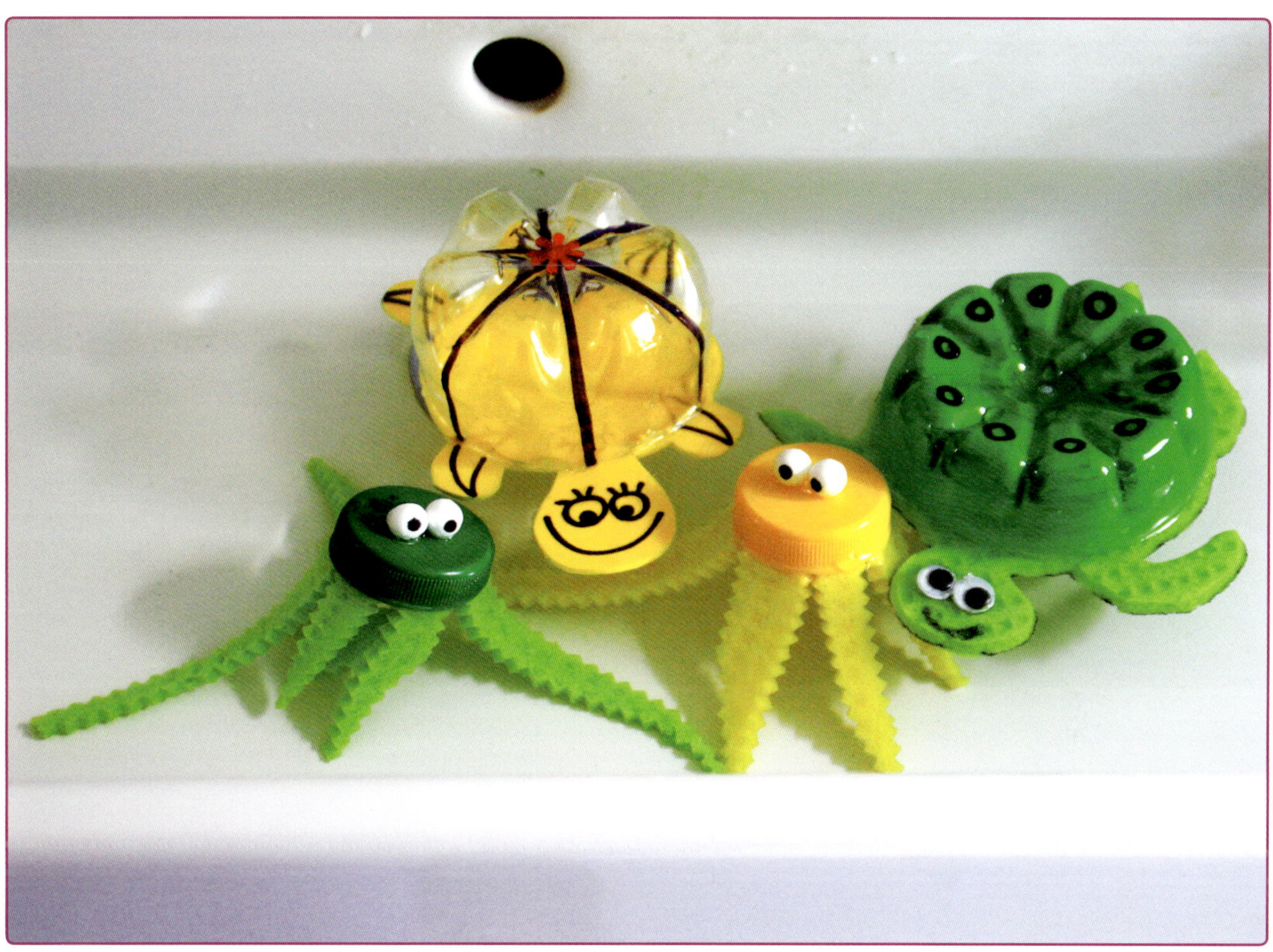

Kurzbeschreibung

Aus dem Boden und dem Deckel von PET-Flaschen könnt ihr lustige Schwimm-Tiere bauen, mit denen das Baden bestimmt doppelt so viel Spaß macht.

Material

Für die Schildkröte

- ✓ PET-Flasche mit nach außen gewölbtem Boden
- ✓ Schere
- ✓ Acrylfarbe, Pinsel
- ✓ Schwammtuch oder Moosgummi
- ✓ Stift
- ✓ Permanent-Marker
- ✓ Heißkleber
- ✓ evtl. Wackelaugen

Für den Kraken

- ✓ Schwammtuch
- ✓ Zick-Zack-Schere
- ✓ Heißkleber
- ✓ Flaschendeckel
- ✓ Wattekugeln
- ✓ Permanent-Marker

Projekt 13

Schwimm-Tiere für die Badewanne

So geht es

Schildkröte

- Schneidet den Flaschenboden möglichst gerade ab. Er dient eurer Schildkröte als Panzer.
- Malt den Flaschenboden von innen an und lasst die Farbe gut trocknen. Wenn euer Schildkrötenpanzer durchsichtig bleiben soll, lasst ihr die Farbe einfach weg.
- Legt den Flaschenboden mit der Öffnung nach unten auf das Schwammtuch/Moosgummi und zeichnet seine Form ein wenig überstehend nach. Ergänzt in eurer Zeichnung noch Beine, Kopf und Schwanz und schneidet das Ganze aus.
- Bestreicht den gesamten Rand des Flaschenbodens mit Heißkleber und befestigt ihn auf dem zugeschnittenen Stück Schwammtuch/Moosgummi. Nun kann kein Wasser ins Innere gelangen.
- Malt eurer Schildkröte mit Permanent-Marker ein lustiges Gesicht und ihrem Panzer ein hübsches Muster.

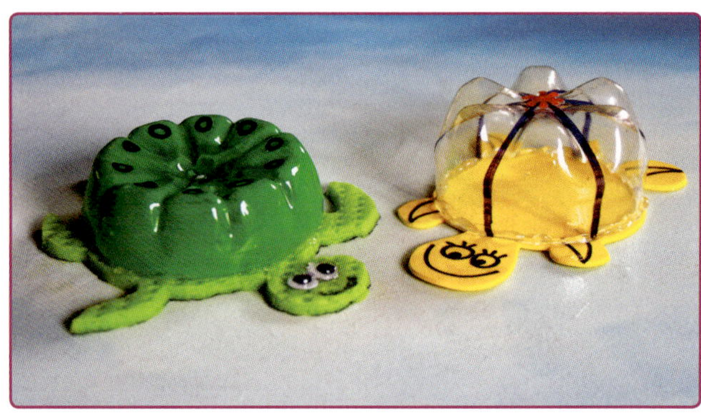

- Wenn ihr Wackelaugen aufkleben möchtet, müsst ihr sie mit viel Heißkleber auf das trockene Schwammtuch kleben, damit sie sich später im Wasser nicht lösen.

Kraken

- Nehmt euch ein Schwammtuch und schneidet mit der Zick-Zack-Schere Streifen ab. Diese dürfen völlig unterschiedlich sein, was Länge und Breite anbelangt.
- Klebt die Streifen mit Heißkleber an den inneren Rand eines Flaschendeckels.
- Malt mit Permanent-Marker kleine Pupillen auf die Watteaugen und befestigt diese mit Heißkleber auf dem Deckel.

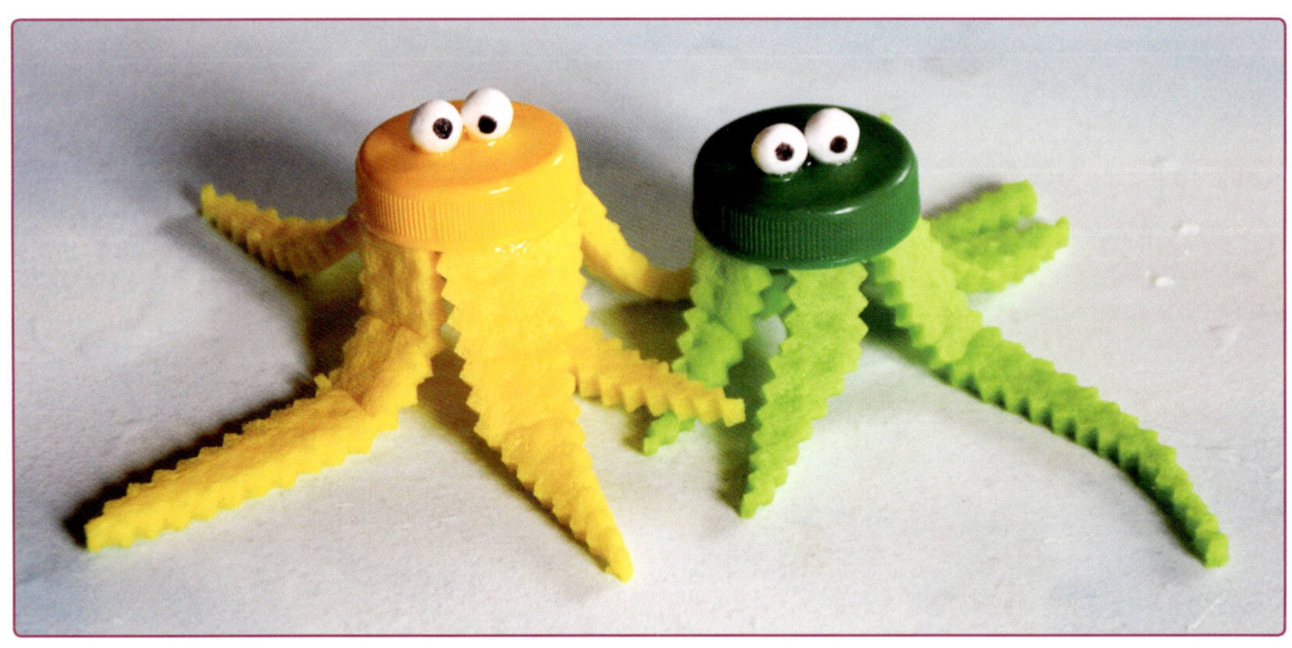

Tier-Licht

Zeitaufwand	2 Unterrichtsstunden
Schwierigkeitsstufe	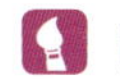 leicht
Mithilfe des Lehrers	Aufschneiden der Plastikflaschen, Betreuung der Heißkleberstation, Montieren der Lichtquelle

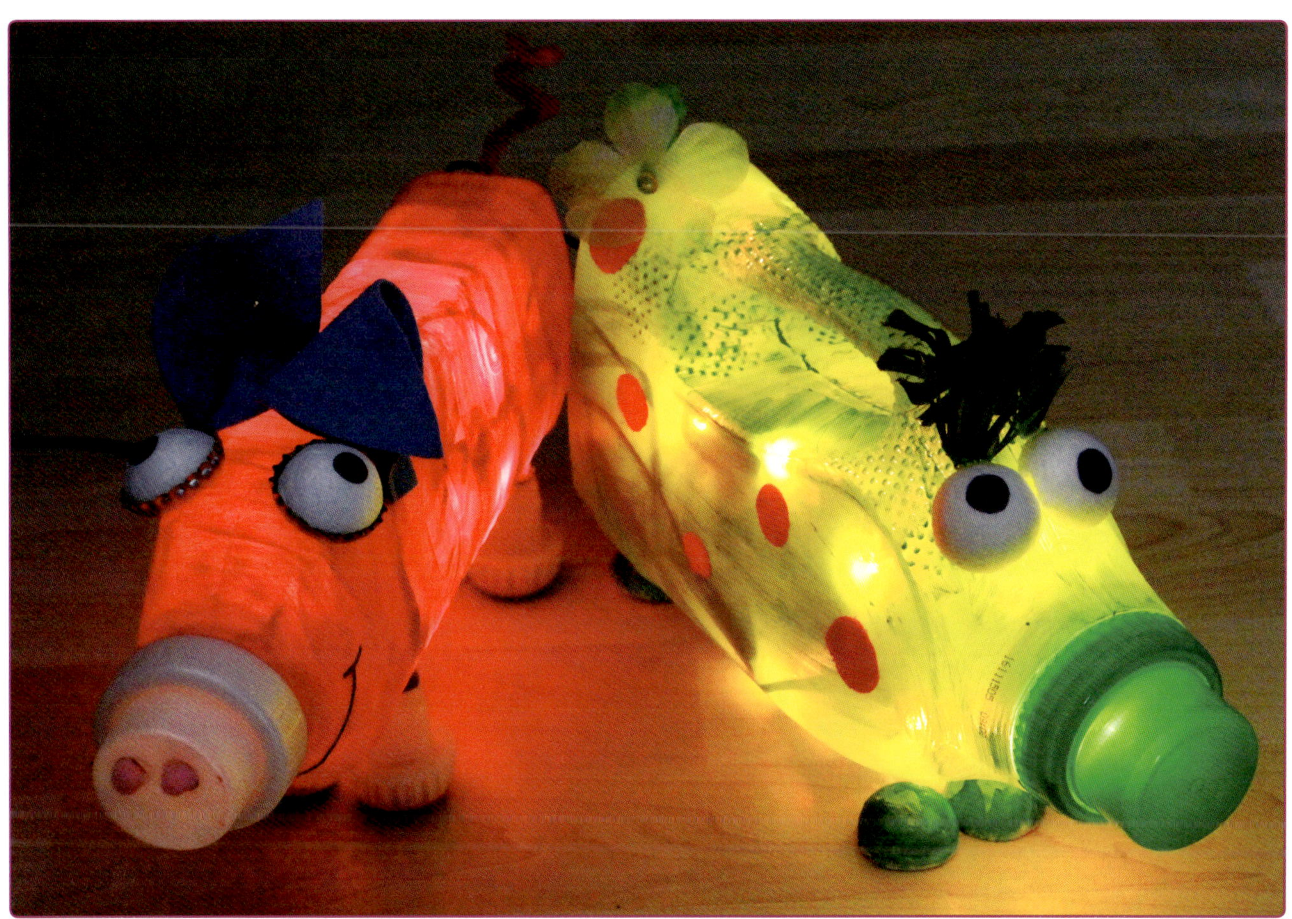

Kurzbeschreibung

Mit wenig Aufwand könnt ihr aus einer leeren Waschmittelflasche eine lustige Nachtlampe oder ein hübsches indirektes Licht bauen – sehr einfach und sehr effektiv.

Material

- Waschmittelflasche
- Teppichmesser
- Acrylfarbe, Pinsel
- evtl. Fön
- Sammelsurium
- Filz
- Heißkleber
- Lichterkette oder kleine Glühbirne in Fassung mit Kabel *(am besten LED-Leuchtmittel verwenden, da das Licht keine Wärme ausstrahlen sollte)*

Projekt 14

Tier-Licht

So geht es

- Wascht die Flasche gut aus und entfernt das Etikett. Das Etikett lässt sich bei Waschmittelflaschen meist nur entfernen, indem der Behälter eingeweicht und mit einem groben Schwamm abgerubbelt wird. Verwendet hierfür keine Messer oder Ceranfeld-Schaber, da diese die Flasche aufschlitzen.
- Nun muss der Flaschenboden mit einem Teppichmesser ein wenig eingeschnitten werden. Lasst euch hierbei am besten von einem Erwachsenen helfen. Die Öffnung sollte groß genug sein, damit später die Lichterkette/Glühbirne hindurchgesteckt werden kann.
- Jetzt könnt ihr die Flasche anmalen und ein schönes Tierlicht daraus gestalten. Soll die Farbe sehr durchscheinend sein, reicht bereits ein Anstrich. Ansonsten pinselt ihr ein zweites Mal über die erste Farbschicht. Diese sollte allerdings bereits getrocknet sein. Mit einem Fön könnt ihr hier etwas nachhelfen.
- Damit aus eurer Flasche auch ein schönes Tierlicht wird, braucht sie noch Augen, Ohren, Beine, Haare, einen Schwanz und vielleicht ein paar Nasenlöcher. Sucht für diese Körperteile im Sammelsurium nach geeigneten Gegenständen und Materialien.
- Ist die Farbe vollständig getrocknet, könnt ihr alle gesammelten Dinge nach und nach an der Flasche befestigen. Plastik auf Plastik klebt besser, wenn ihr ein Stück Filz dazwischen klebt. Achtet bei der Gestaltung eures Tierlichtes darauf, dass nicht die gesamte Körperfläche beklebt wird. Denn das Licht soll später noch hindurchschimmern.
- Schiebt die Lichterkette/Glühbirne durch die Öffnung am Flaschenboden – und fertig ist das Tier-Licht.

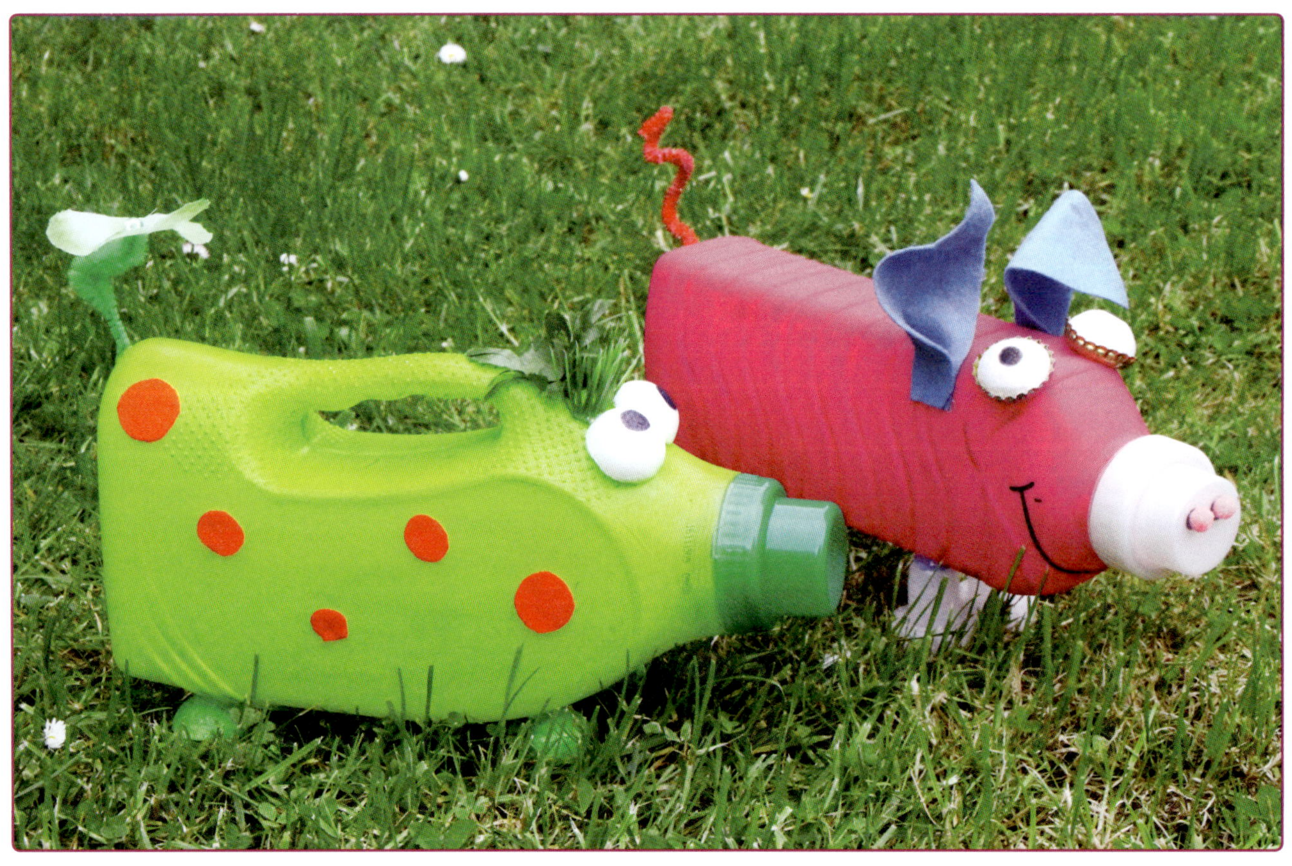

Hänge-Ampel

Zeitaufwand	2 Unterrichtsstunden
Schwierigkeitsstufe	leicht
Mithilfe des Lehrers	Aufschneiden der Flaschen, Betreuung der Heißkleberstation

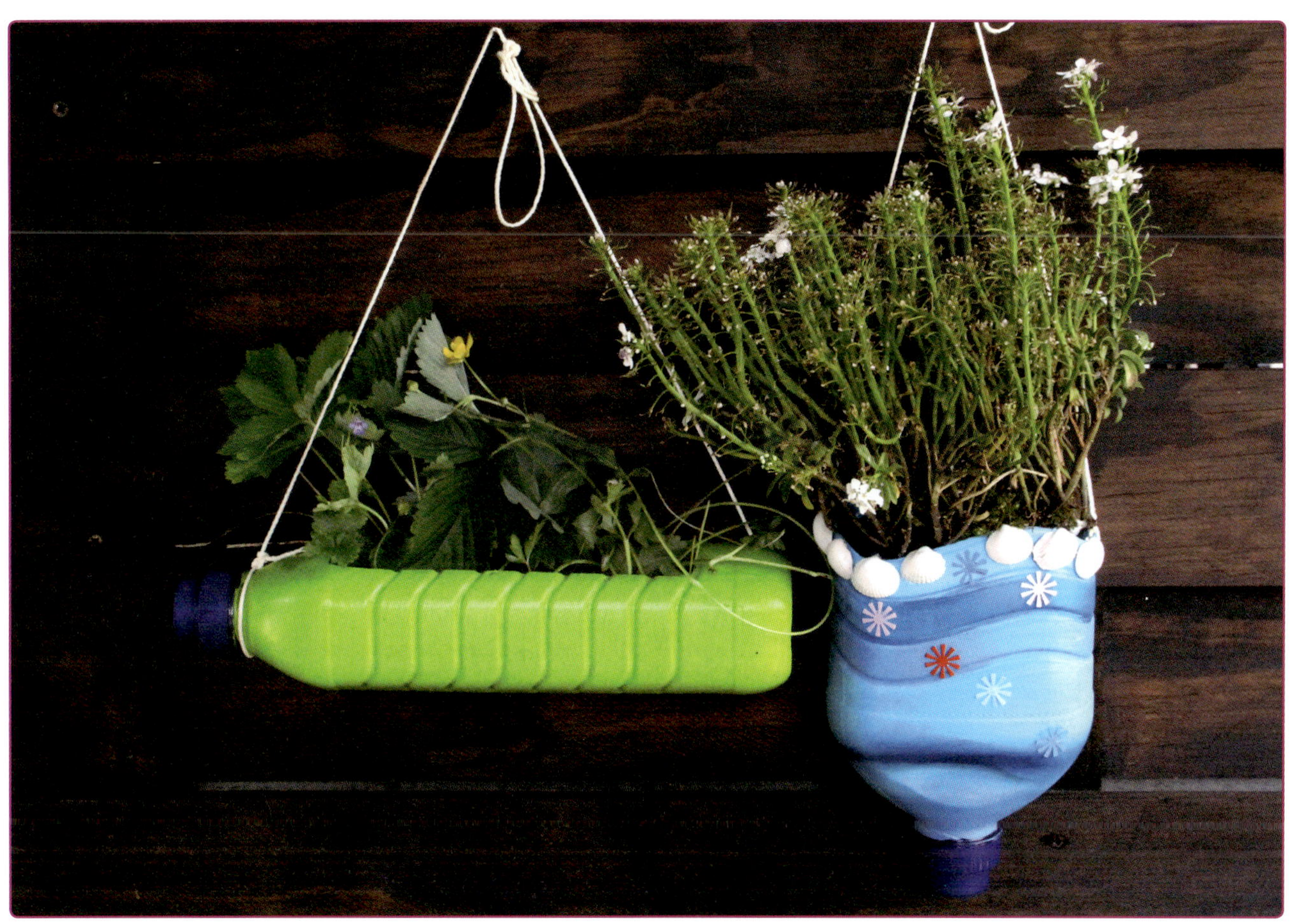

Kurzbeschreibung

Leere Waschmittelflaschen eignen sich wegen ihrer Stabilität hervorragend als Behälter für die unterschiedlichsten Dinge. Als Blumen-Ampeln erfüllen sie nicht nur ihren Zweck, sondern sehen auch noch gut aus.

Material

- ✓ Waschmittelflasche
- ✓ Stift
- ✓ Schere
- ✓ Acrylfarbe, Pinsel
- ✓ Klarlack *(Sprühlack)*
- ✓ Sammelsurium
- ✓ Heißkleber
- ✓ Prickelnadel
- ✓ Schnur

Für Blumen

- ✓ Hammer, großer Nagel
- ✓ Stein
- ✓ Blumenerde
- ✓ Pflanze

Projekt 15

Hänge-Ampel

So geht es

- Wascht die Flasche gut aus. Es dürfen keine Waschmittelreste mehr enthalten sein.
- Überlegt, wie ihr die Flasche später aufhängen möchtet, und zeichnet mit einem Stift die Schneidelinie für den Ausschnitt vor.
- Schneidet mit einer Schere entlang der Schneidelinie. Der Anfang ist ein bisschen schwer. Es hilft, in der Mitte der Fläche ein Loch zu stechen und die Fläche erst grob und dann immer feiner auszuschneiden.
- Malt die Flasche mit Acrylfarbe an.
- Um die Farbe ein bisschen haltbarer zu machen, solltet ihr sie nach dem Trocknen mit ein wenig Klarlack besprühen.
- Wenn ihr mögt, könnt ihr die Flasche noch mit kleinen Gegenständen verzieren und diese mit Heißkleber befestigen.
- Stecht mit einer Prickelnadel zwei gegenüberliegende Löcher in den Flaschenrand, fädelt eine Schnur ein und knotet ihre Enden jeweils innen fest. Nun ist der Hängebehälter fertig.

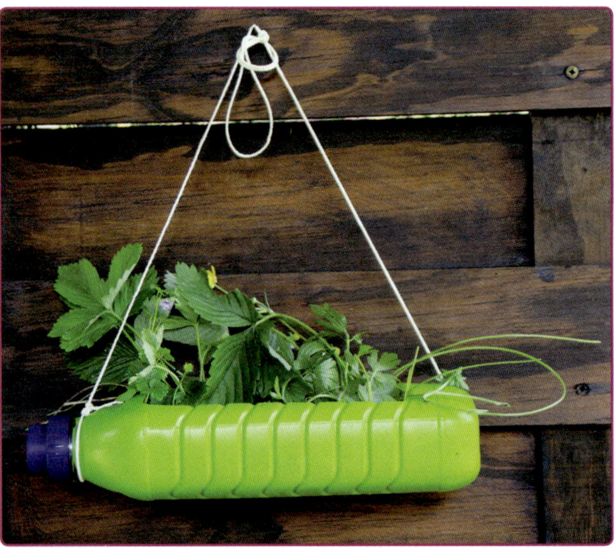

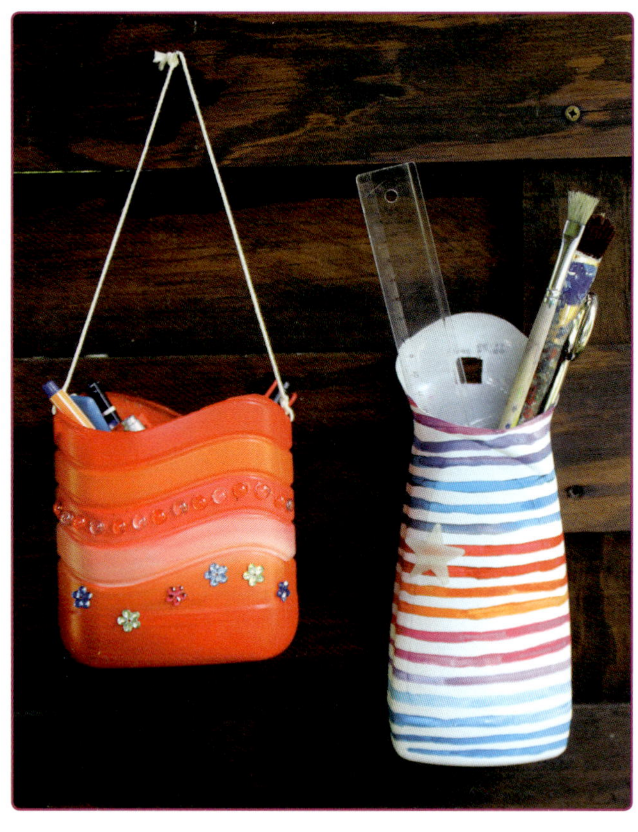

Blumenampel

- Schlagt mit einem Hammer und einem großen Nagel ein paar kleine Löcher in die nach unten zeigende Seite der Flasche. Das verhindert die Bildung von Staunässe. Wenn ihr die Flasche mit nach unten zeigendem Flaschenhals aufhängen wollt, könnt ihr diesen auch mit einem Stein verschließen. Mit seiner Hilfe könnt ihr später eventuelles Stauwasser einfach ablassen, indem ihr den Deckel aufdreht. Der Stein verhindert, dass die Erde zusammen mit dem Wasser herausgespült wird.
- Befüllt die Flasche mit Erde und bepflanzt sie.
- Denkt daran, eure Pflanzen regelmäßig zu gießen.

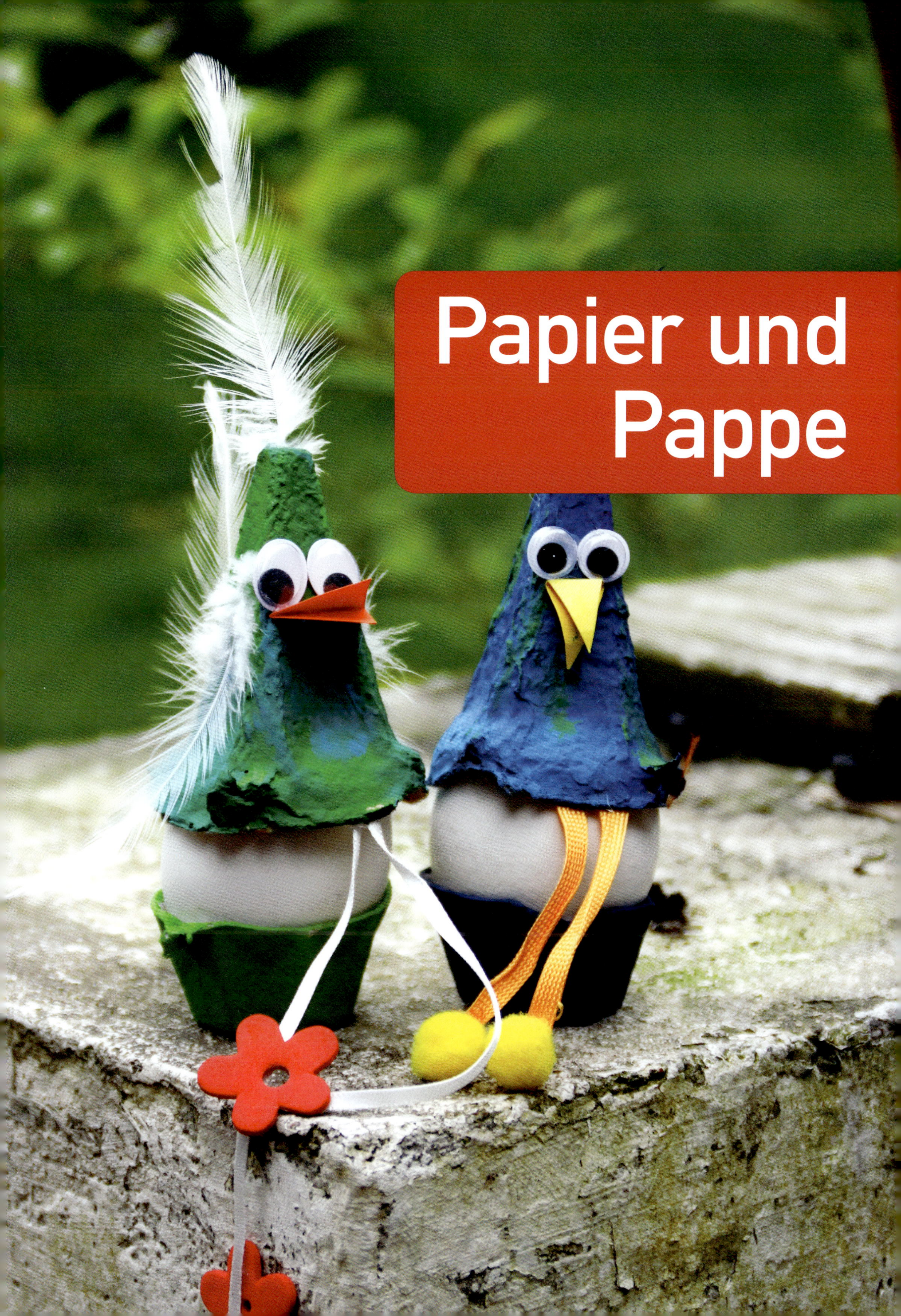

Papier und Pappe

Projekt 16

Sortier-Kiste

Zeitaufwand	1–2 Unterrichtsstunden
Schwierigkeitsstufe	leicht
Mithilfe des Lehrers	Betreuung der Heißkleberstation

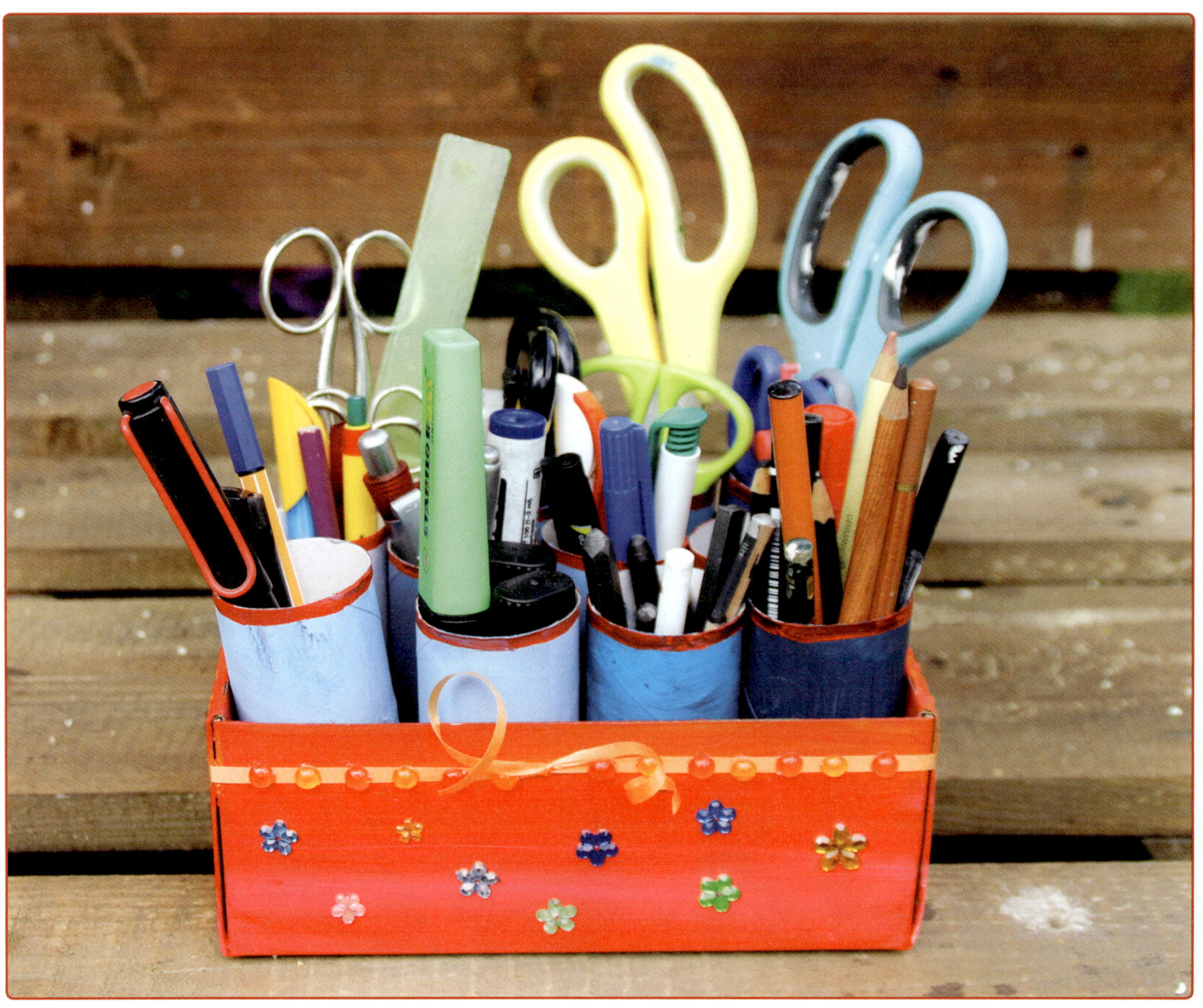

Kurzbeschreibung

Die Sortier-Kiste ist äußerst stabil, kippt nicht und sorgt für Ordnung. Ihr könnt sie z. B. zur Aufbewahrung von Pinseln, Stiften oder Scheren verwenden.

Material

- ✓ Schuhkarton
- ✓ Toilettenpapierrollen
- ✓ Acrylfarben, Pinsel
- ✓ Schere
- ✓ Sammelsurium
- ✓ Heißkleber, Flüssigkleber

Sortier-Kiste

So geht es

- Ihr braucht einen Schuhkarton und einige Toilettenpapierrollen. Überprüft, wie viele Papierrollen in den Karton passen, sodass sie schön eng stehen und nicht umfallen.
- Wenn die Toilettenpapierrollen höher sind als der Karton, könnt ihr den überstehenden Teil mit Acrylfarbe anmalen. Ihr könnt die Rollen aber auch einfach kürzen und auf das Anmalen verzichten.
- Malt die Außenseite des Schuhkartons mit Acrylfarbe an. Eurer Fantasie sind dabei keine Grenzen gesetzt.
- Wenn ihr mögt, könnt ihr den Karton noch bekleben und zusätzlich verzieren. Schwerere Dinge befestigt ihr am besten mit Heißkleber.
- Zum Schluss stellt ihr die Toilettenpapierrollen in den Schuhkarton und fixiert sie bei Bedarf mit etwas Heißkleber.

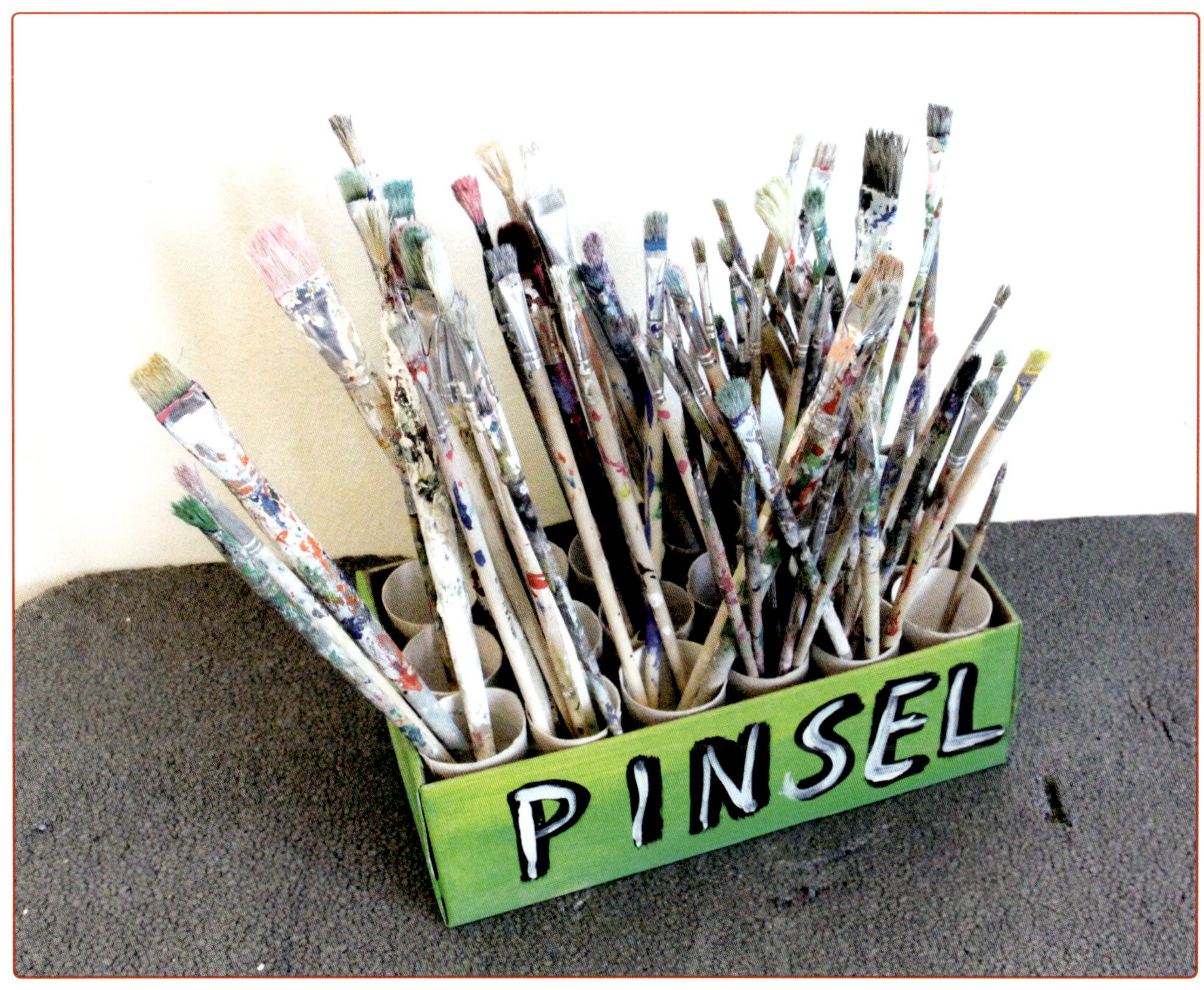

Projekt 17

Tisch-Mülleimer

Zeitaufwand	1–2 Unterrichtsstunden
Schwierigkeitsstufe	leicht
Mithilfe des Lehrers	Betreuung der Heißkleberstation

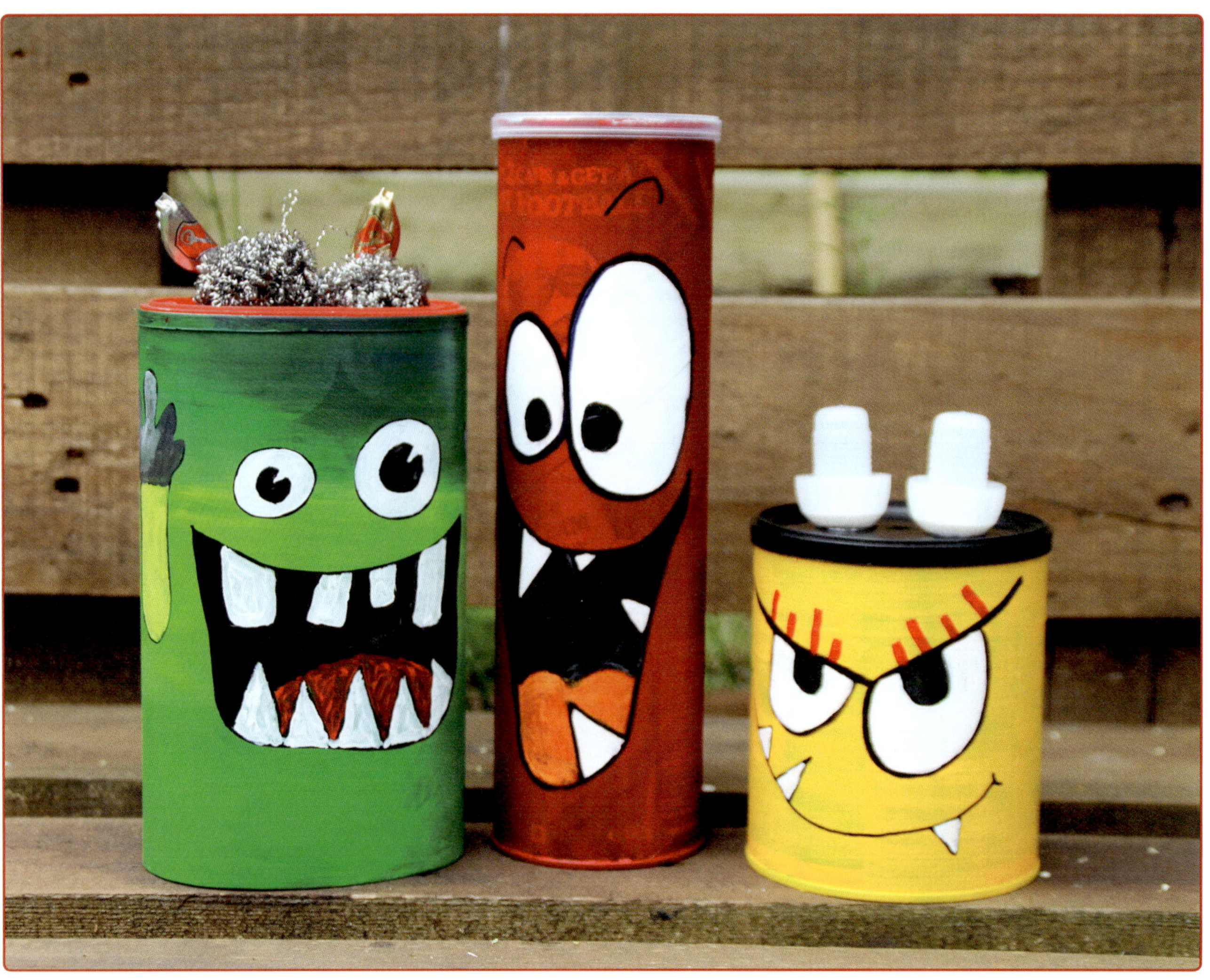

Kurzbeschreibung

Ob Papier- oder Spitzerabfall – wenn man am Tisch arbeitet, entsteht immer etwas Müll. Statt dauernd zum Mülleimer zu laufen, könnt ihr euren Abfall bequem in dem frechen Tischmüll-Monster entsorgen und später dann alles auf einmal wegbringen.

Material

- ✓ Pappdose mit Deckel, z. B. von Stapelchips
- ✓ Acrylfarbe, Pinsel
- ✓ evtl. Fön
- ✓ Permanent-Marker
- ✓ Sammelsurium
- ✓ Heißkleber

Tisch-Mülleimer

So geht es

- Wascht die Dose gut aus, lasst sie aber nicht zu nass werden, da die Pappe sonst aufweicht.
- Überlegt euch, welche Grundfarbe euer Tischmüll-Monster erhalten soll, und malt es mit Acrylfarbe an. Meist deckt die Farbe nicht beim ersten Mal, sodass ihr die Farbe nach dem Trocknen nochmals überstreichen müsst. Mit einem Fön könnt ihr den Trocknungsvorgang etwas beschleunigen.
- Während die Dose trocknet, könnt ihr euch ein Monster-Gesicht ausdenken. Es hilft, sich Gesichter vorzuzeichnen und verschiedene Varianten auszuprobieren.
- Übertragt das Gesicht mit Permanent-Marker auf die Dose. Zeichnet möglichst groß, dann wirkt es besser.
- Nun braucht ihr weitere Farben, um die Augen, den Mund, eventuelle Zähne oder Arme auszumalen. Auch hier kann es sein, dass ihr zwei Farbschichten auftragen müsst, damit die Farbe deckt.
- Hat euer Monster vielleicht Hörner oder Haare? Diese und andere Verzierungen könnt ihr mit Heißkleber auf dem Deckel befestigen. Lasst am Deckel ausreichend viel Platz, dass ihr ihn bequem anfassen könnt, um die Dose zu öffnen.
- Steckt in euer Tischmüll-Monster eine kleine Tüte, um den Abfall aufzunehmen. Das ist hygienischer und euer Monster lässt sich so auch leichter entleeren.

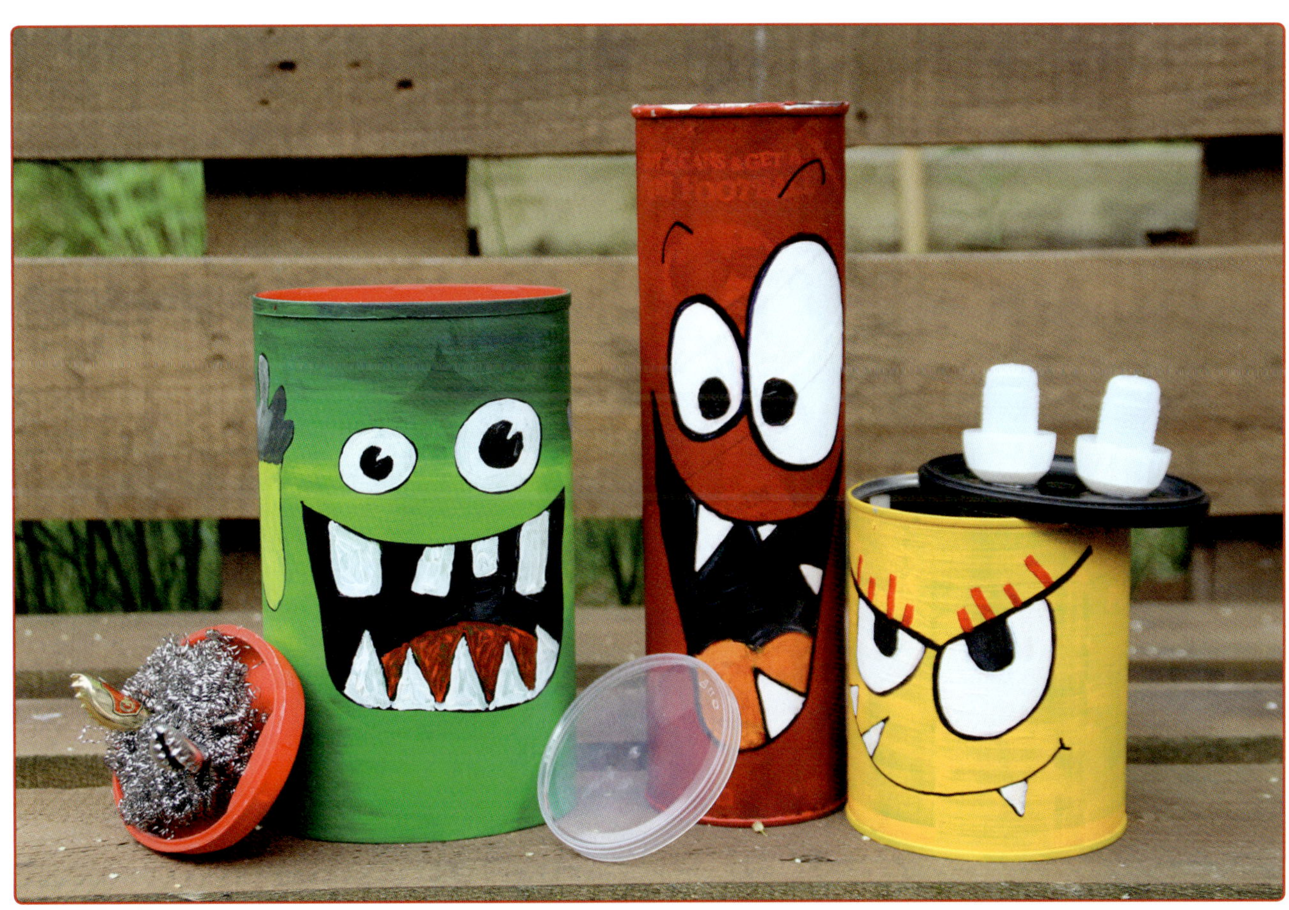

Projekt 18

Eierbecher

Zeitaufwand	1–2 Unterrichtsstunden
Schwierigkeitsstufe	leicht
Mithilfe des Lehrers	Betreuung der Heißkleberstation

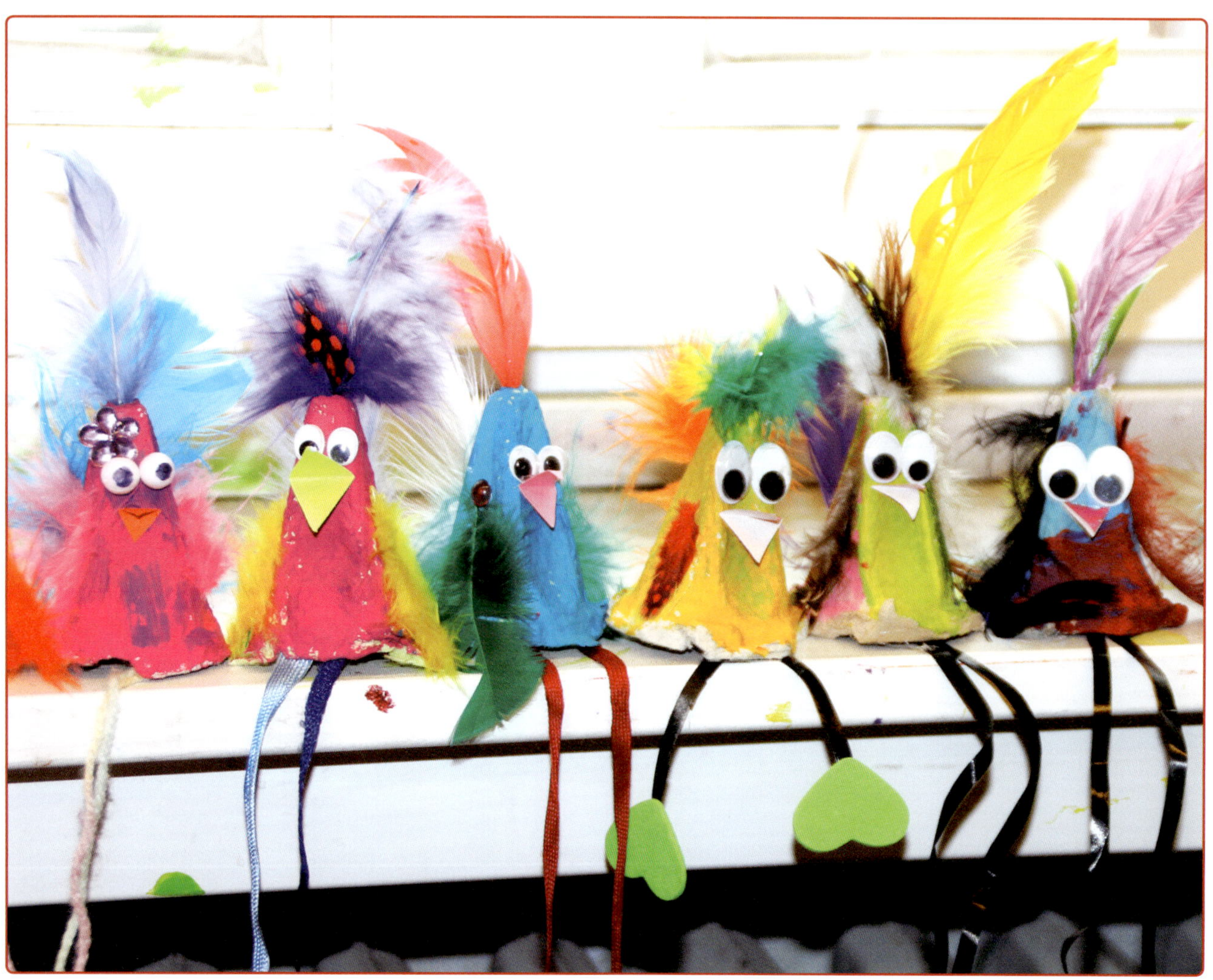

Kurzbeschreibung

Was liegt näher, als aus einem Eierkarton Eierbecher und Eierwärmer zu basteln? Und wenn diese dann noch als lustige Vögel gestaltet sind, schmeckt es gleich doppelt so gut.

Material

- ✓ Eierkarton
- ✓ Schere
- ✓ Acrylfarbe, Pinsel
- ✓ evtl. Fön
- ✓ Sammelsurium, z. B. Federn und Wackelaugen
- ✓ Heißkleber

Eierbecher

So geht es

- Reißt oder schneidet die Spitzen und die Vertiefungen aus dem Eierkarton. Jede Spitze ergibt einen Vogel, jede Vertiefung den dazugehörigen Eierbecher.
- Malt den Vogel und den Eierbecher mit Acrylfarbe an und lasst sie gut trocknen. Ein Fön kann beim Trocknen helfen.
- Euer Vogel braucht nun noch Augen, einen Schnabel, Flügel, einen Schwanz, Schnüre für die Beine und vielleicht noch einen Kopfschmuck aus Federn. Die einzelnen Teile befestigt ihr am besten mit Heißkleber.

Tipp

Wenn eure Vögel gerade nicht die Frühstückseier wärmen, sehen sie als Kantenhocker auf einem Regal oder Schrank ganz hübsch aus.

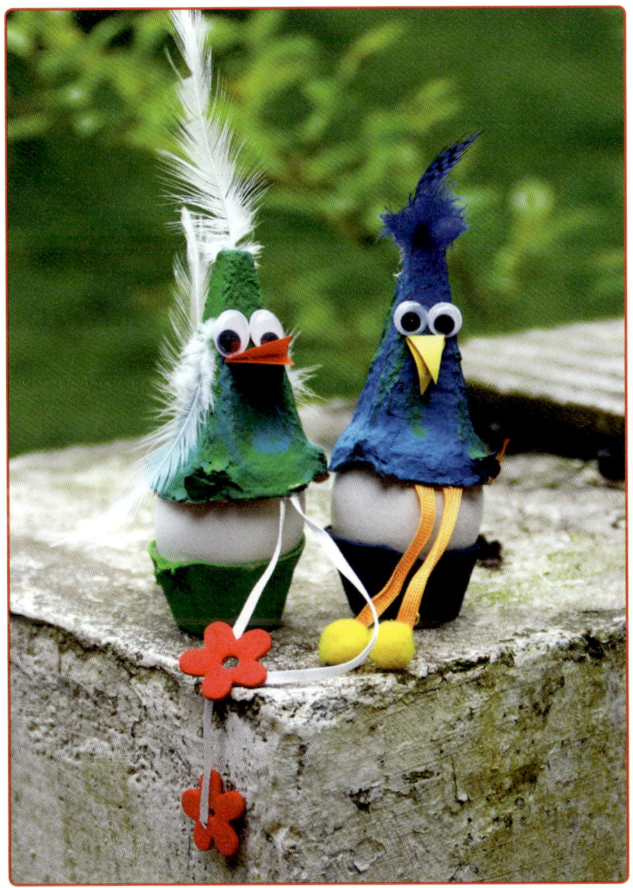

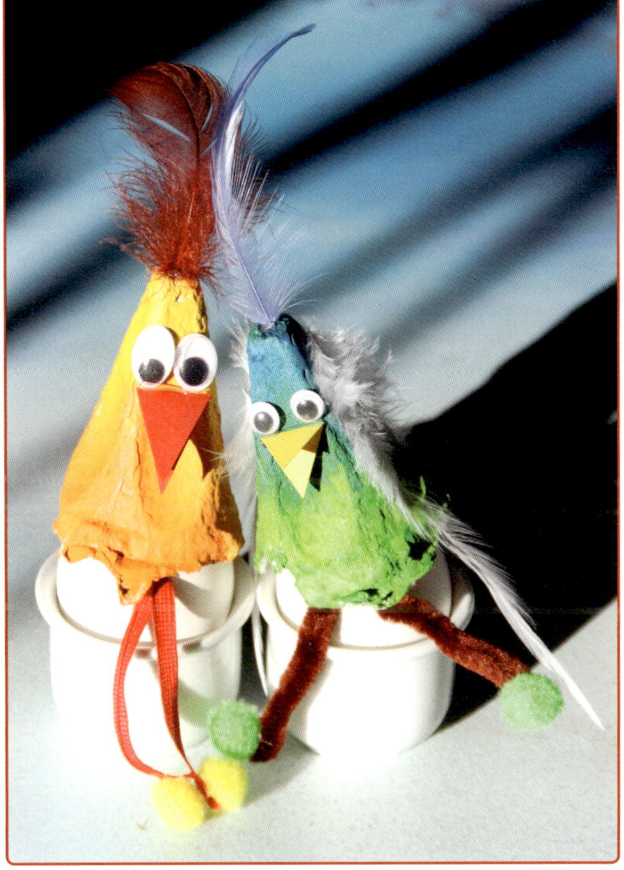

Projekt 19

Spardose

Zeitaufwand	2 Unterrichtsstunden
Schwierigkeitsstufe	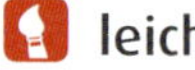 leicht
Mithilfe des Lehrers	Einschneiden des Geldschlitzes, Betreuung der Heißkleberstation

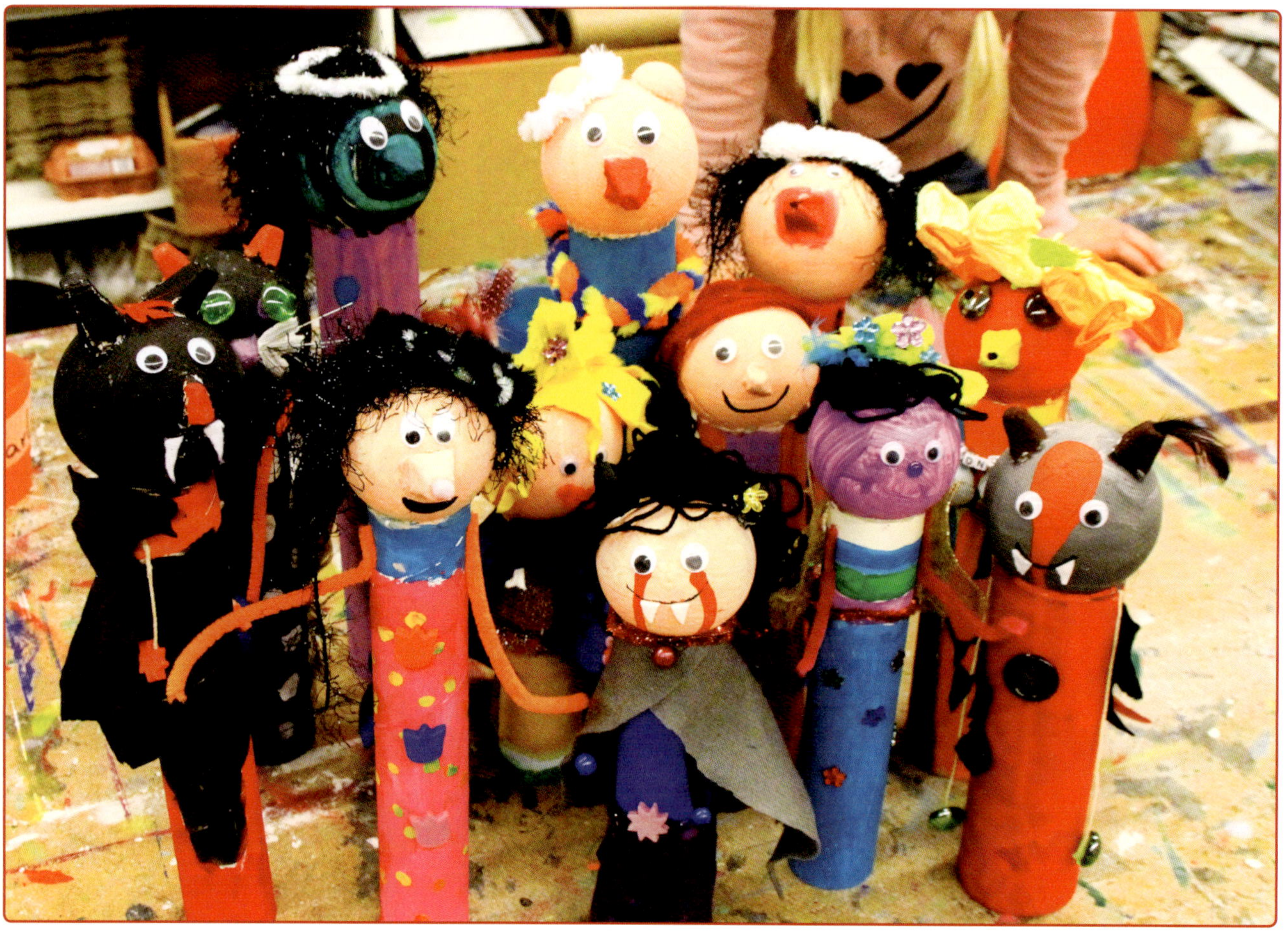

Kurzbeschreibung

Aus einer alten Küchenpapierrolle und ein paar zusätzlichen Kleinteilen könnt ihr schnell eine außergewöhnliche Spardose zaubern. In diesem hübschen Geheimversteck ist euer Geld bestens aufgehoben.

Material

- ✔ Styroporkugel
- ✔ Heißkleber
- ✔ Pappe
- ✔ Stift
- ✔ Schere
- ✔ Teppichmesser oder Nagelschere
- ✔ Sammelsurium
- ✔ Acrylfarbe, Pinsel
- ✔ evtl. Fön
- ✔ Küchenpapierrolle

Spardose

So geht es

- Befestigt die Styroporkugel mit etwas Heißkleber auf der Küchenpapierrolle.
- Stellt die Küchenpapierrolle auf ein Stück Pappe und zeichnet ihren Umriss nach. Ergänzt noch ein Paar Füße und schneidet entsprechend aus.
- Befestigt das Stück Pappe mit Heißkleber an der Öffnung der Küchenpapierrolle, sodass die Füße darunter hervorschauen. Achtet darauf, dass die Küchenpapierrolle nun komplett verschlossen ist, damit später kein Geld herausfallen kann.
- Platziert den Geldschlitz im oberen Teil der Küchenpapierrolle. Lasst euch hierbei eventuell von einem Erwachsenen helfen, vor allem dann, wenn hierfür ein Teppichmesser verwendet werden soll.
- Überlegt nun, welche Figur (z. B. Pirat, Prinzessin, Außerirdischer, Yedi-Ritter) eure Spardose darstellen und wie diese konkret gestaltet werden soll.
- Befestigt Augen, Nase, Ohren und weitere Körperteile mit Heißkleber, bevor ihr eure Figur mit Acrylfarbe anmalt.
- Nachdem die Farbe getrocknet ist, könnt ihr eure Figur um weitere Körperteile, die nicht angemalt werden müssen, ergänzen, sie weiter verzieren und mit passenden Accessoires ausstaffieren. Mit einem Fön könnt ihr die Trocknungszeit etwas verkürzen.
- Denkt bei der Auswahl der Accessoires daran, nicht zu viele Farben zu verwenden, es sei denn, die Figur soll einen Clown darstellen. Ansonsten kann sie schnell kitschig aussehen.

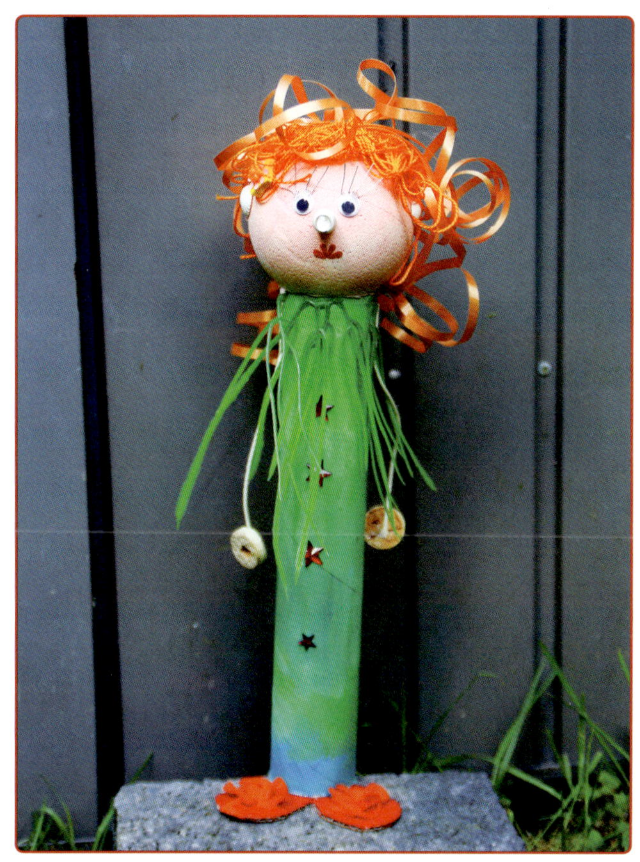

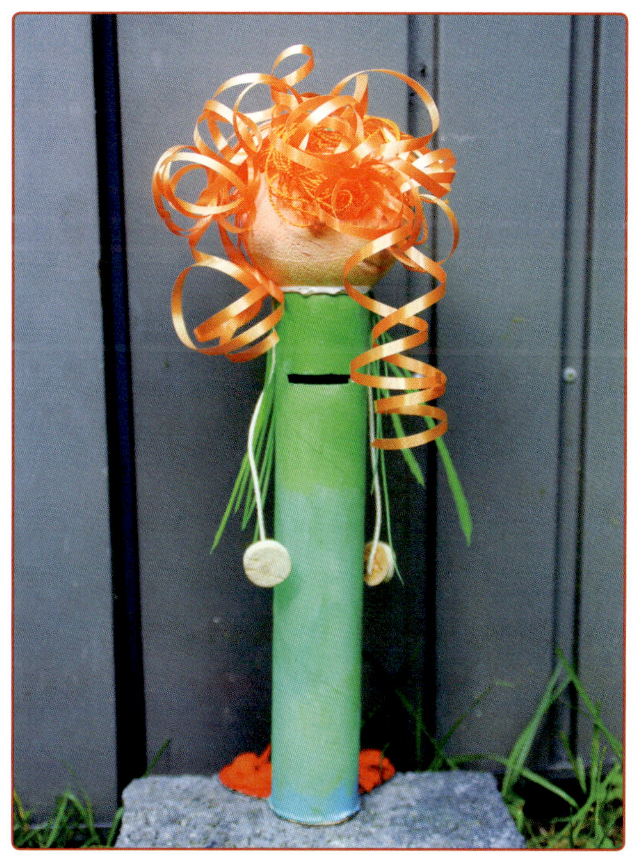

Projekt 19

Spardose

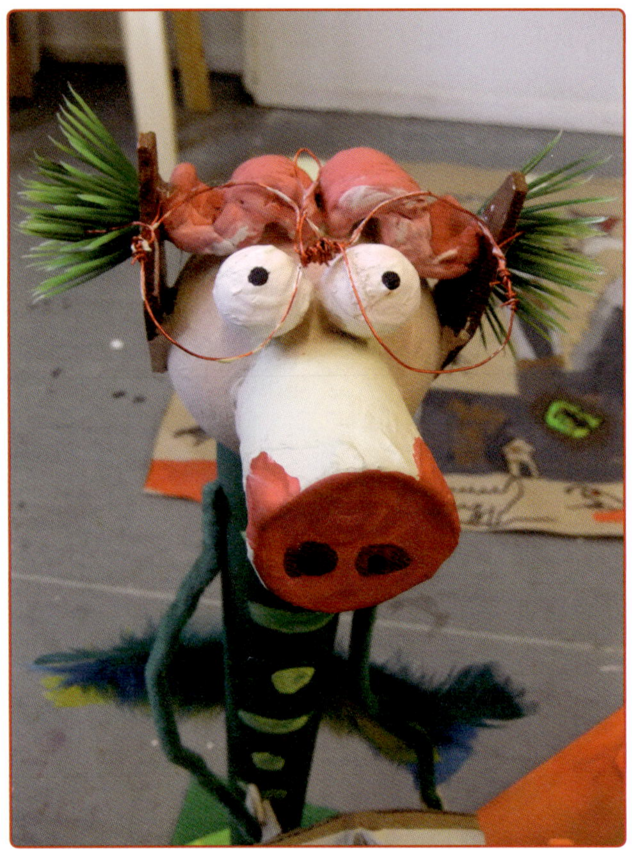

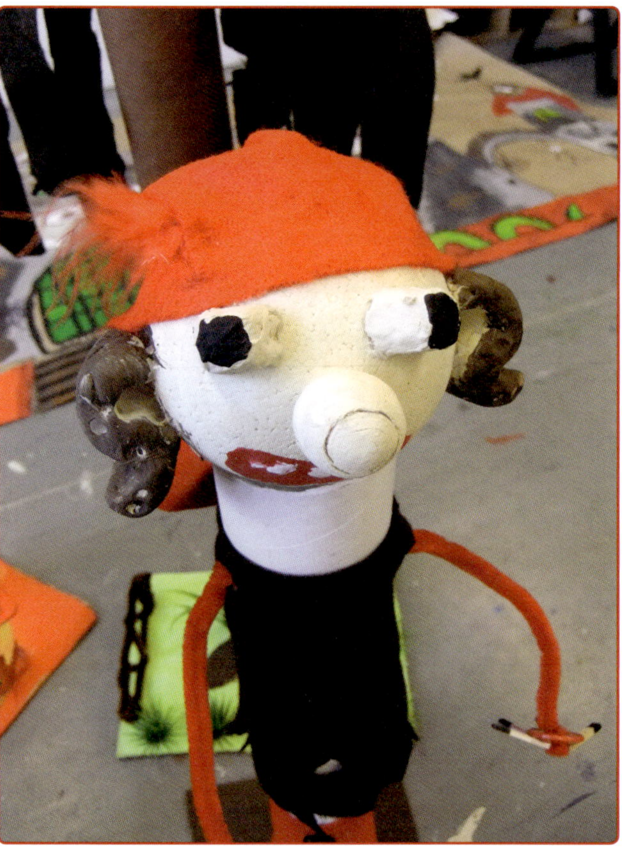

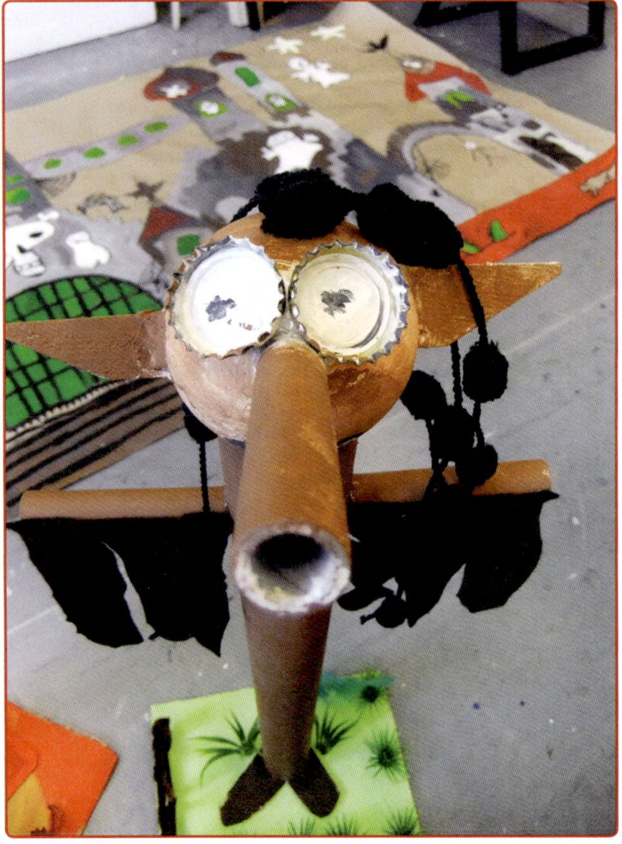

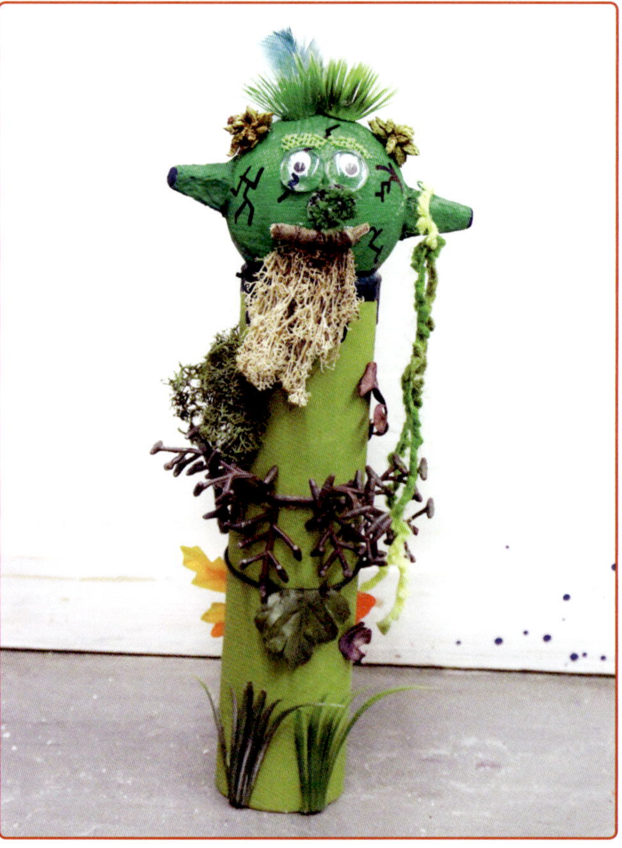

Geheimversteck

Zeitaufwand	4–6 Unterrichtsstunden
Schwierigkeitsstufe	schwer
Mithilfe des Lehrers	Betreuung der Heißkleberstation, Aufschneiden der Figur

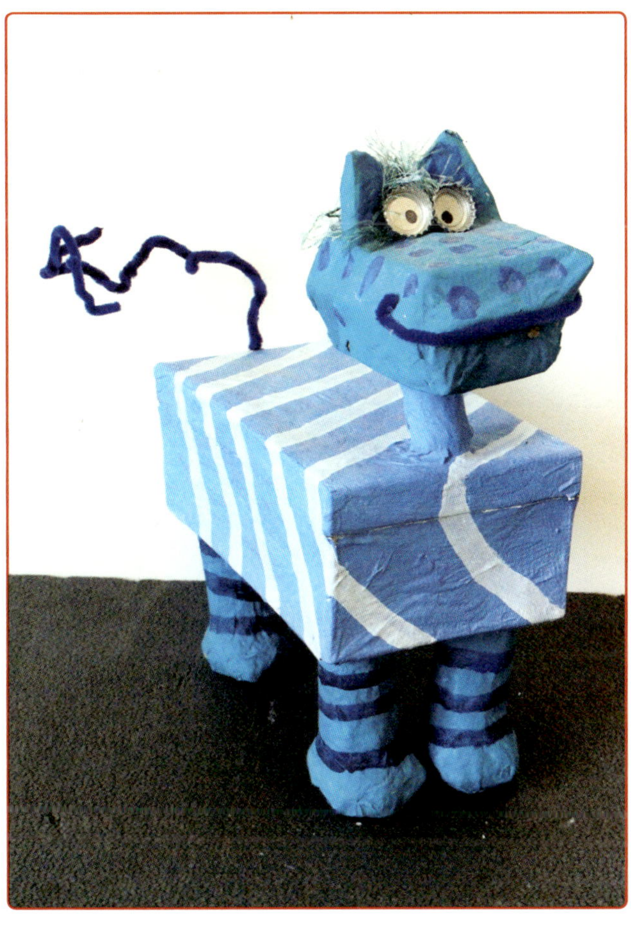

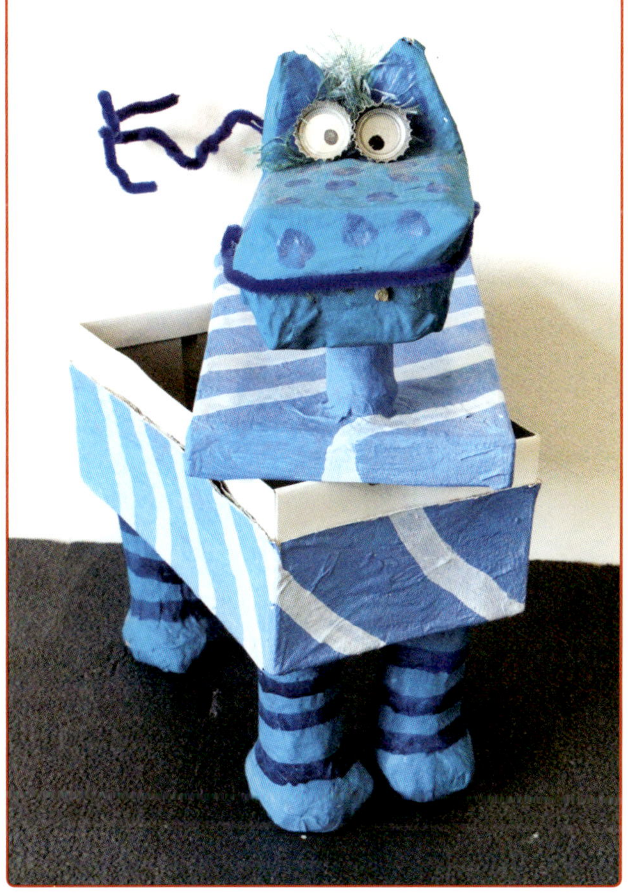

Kurzbeschreibung

Bei dem Geheimversteck-Tier handelt es sich um ein größeres Projekt, für das ihr mehrere Unterrichtsstunden benötigt. Doch das Ergebnis ist dafür umso schöner.

Material

- Schuhkartons
- Eierkartons
- Käseschachteln
- Toilettenpapierrollen
- Küchenpapierrollen
- Zeitungspapier
- Kleister
- weiße Wandfarbe, Pinsel
- Acrylfarbe, Pinsel
- Sammelsurium
- Heißkleber
- Teppichmesser

Geheimversteck

So geht es

- Wählt ein paar Schachteln, Kartons und/oder Papprollen aus und überlegt euch, welches Tier ihr damit darstellen wollt. Hierbei geht es zunächst um den groben Aufbau des Körpers. Da das Tier später als Geheimversteck dienen soll, sollte sich sein Körper an mindestens einer Stelle öffnen lassen.
- Reißt das Zeitungspapier in kleine Stücke (etwa 10 x 10 cm). Gebt etwas Kleister auf eure Hände und reibt damit das Zeitungspapier beidseitig ein.
- Umkleistert euer Tier nun kräftig mit Kleister und Zeitungspapier – zwei bis drei Schichten sollten es schon sein. Die einzelnen Papierlagen sollten sich dabei immer ein wenig überlappen. Lasst den Kleister bis zum nächsten Tag gut trocknen.
- Grundiert euer Tier mit weißer Wandfarbe. Das Grundieren dient dazu, dass das Zeitungspapier nicht mehr durchschimmert und die Farben nachher intensiver leuchten.
- Bemalt euer Tier mit Acrylfarbe. Überlegt euch vorher gut, mit welcher Farbe ihr beginnt. Soll euer Tier z. B. eine Giraffe darstellen, malt ihr das Tier zuerst gelb an und ergänzt erst dann die braunen Flecken.
- Je nachdem, für welches Tier ihr euch entschieden habt, müsst ihr jetzt noch die fehlenden Körperteile ankleben (z. B. Augen, Mund, Schwanz, Nasenlöcher, Krallen, Mähne, Ziegenbart ...).
- Zum Schluss schneidet ihr den Körper so auf, dass ihr das ursprüngliche Geheimversteck wieder öffnen könnt.

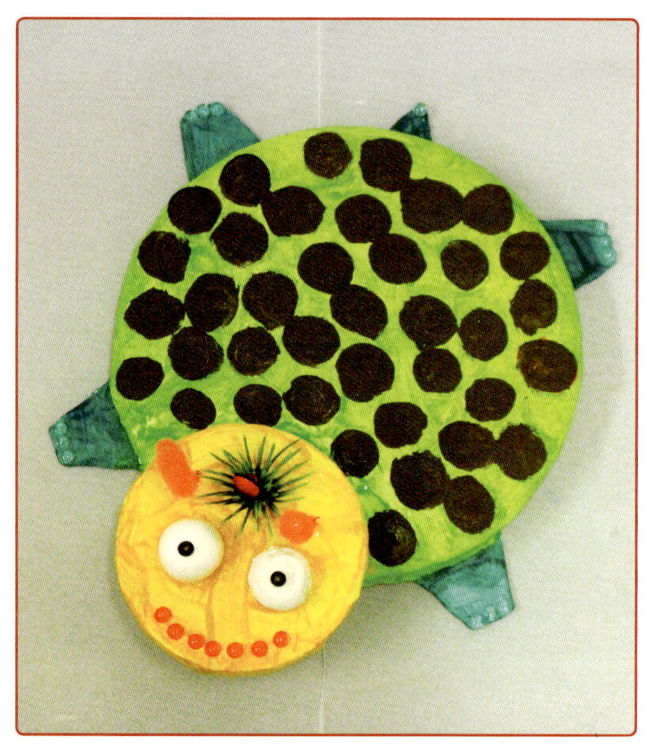

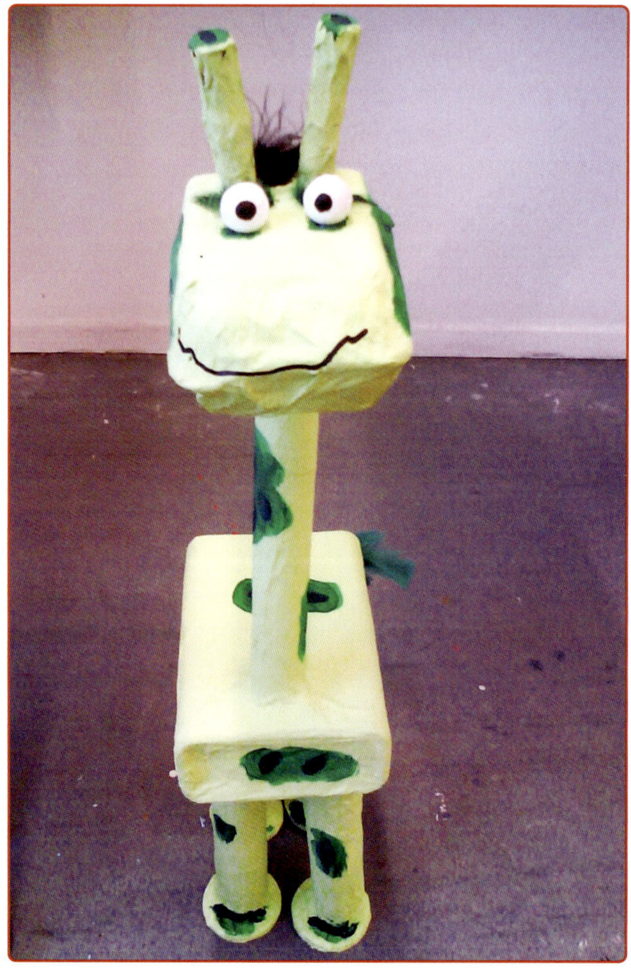

Geheimversteck

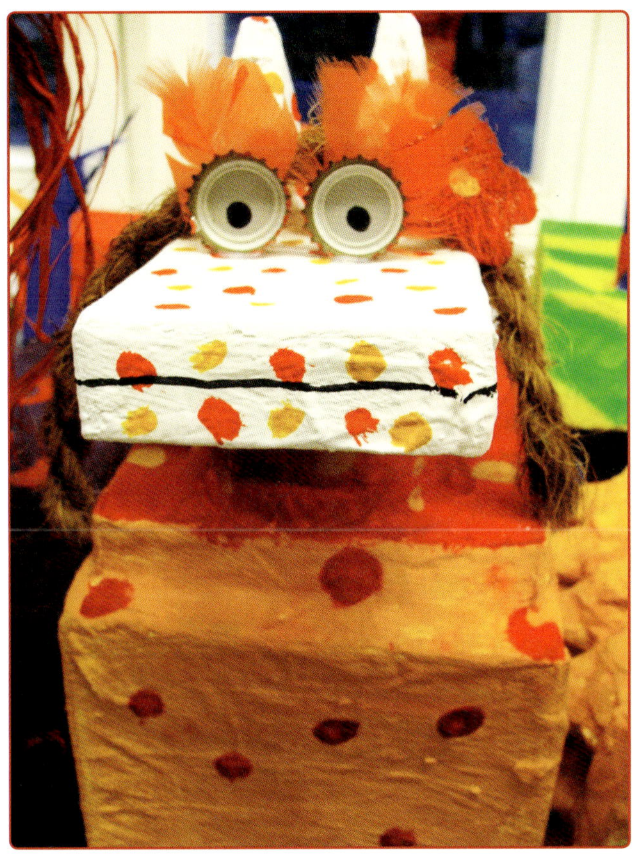

Tipp

Schneidet die Toiletten- und Küchenpapierrollen vor dem Festkleben etwa 20 Mal am Rand ein, sodass ihr die Laschen umknicken und als Klebefläche verwenden könnt. Ohne diese Klebefläche halten die Rollen nur sehr schlecht.

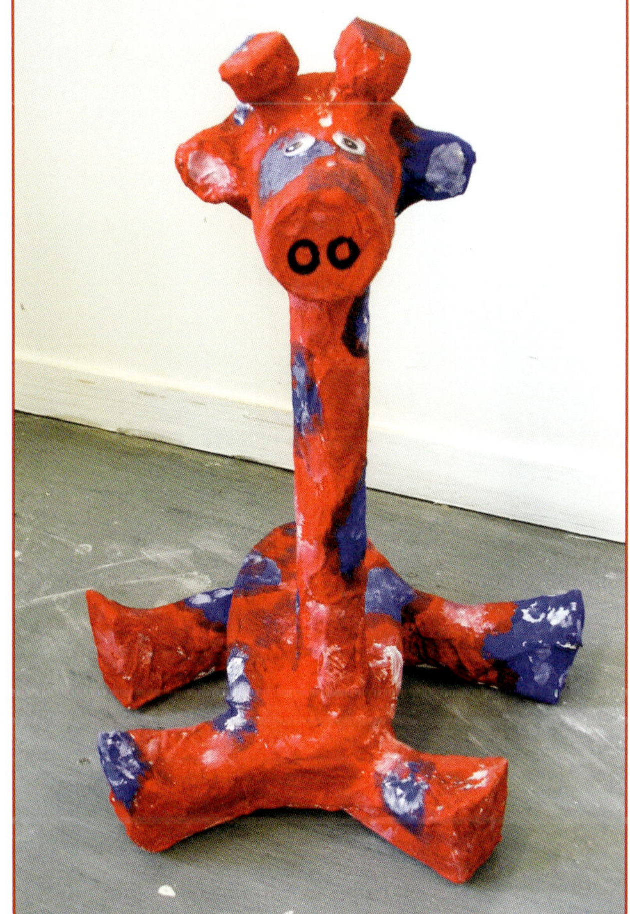

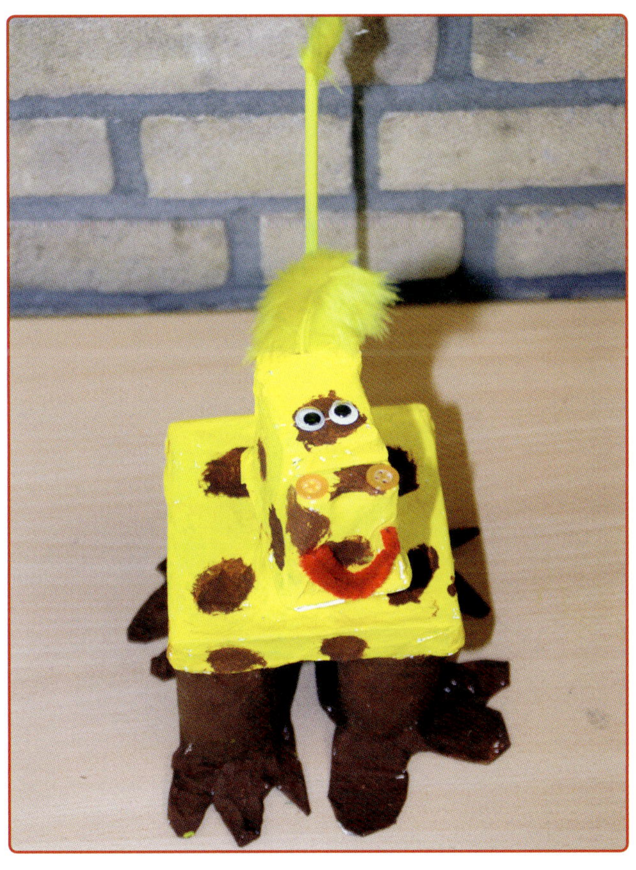

Geheimversteck

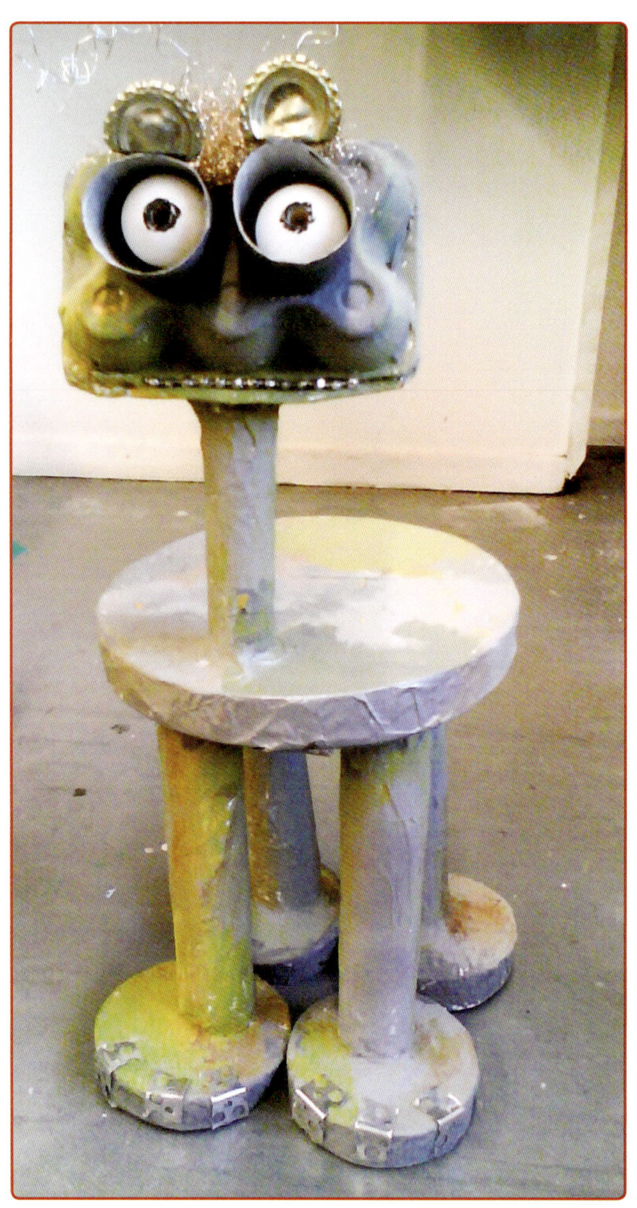

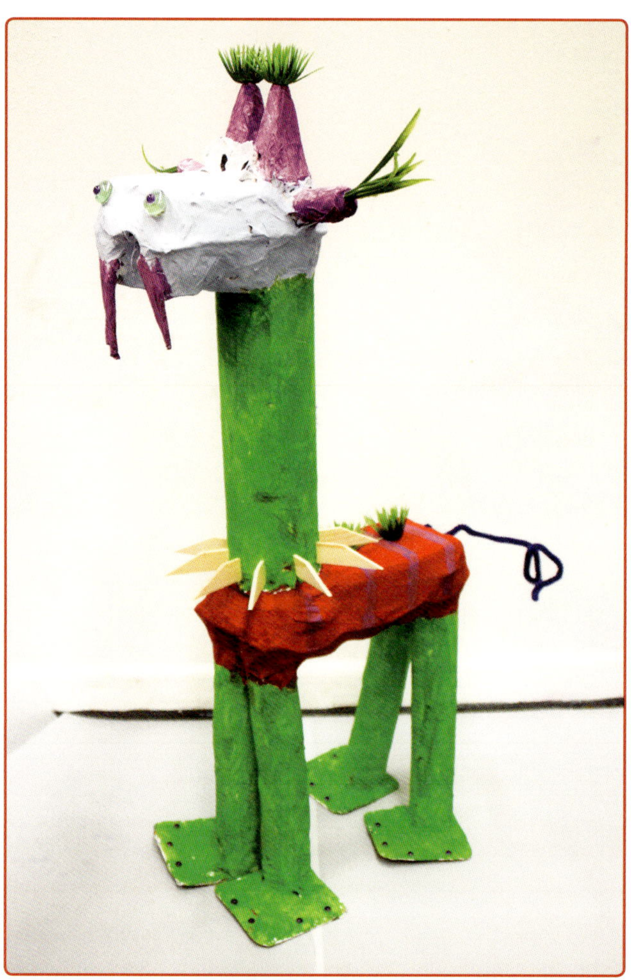

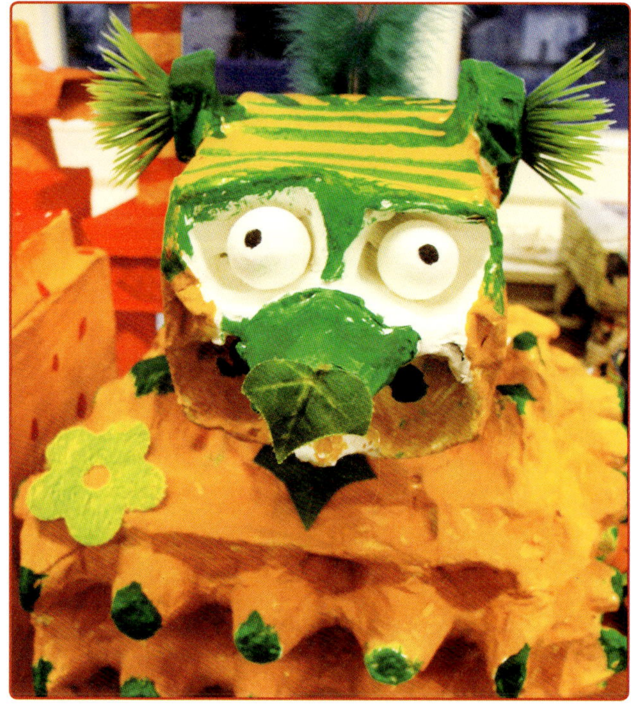

Kleinkram und Verschiedenes

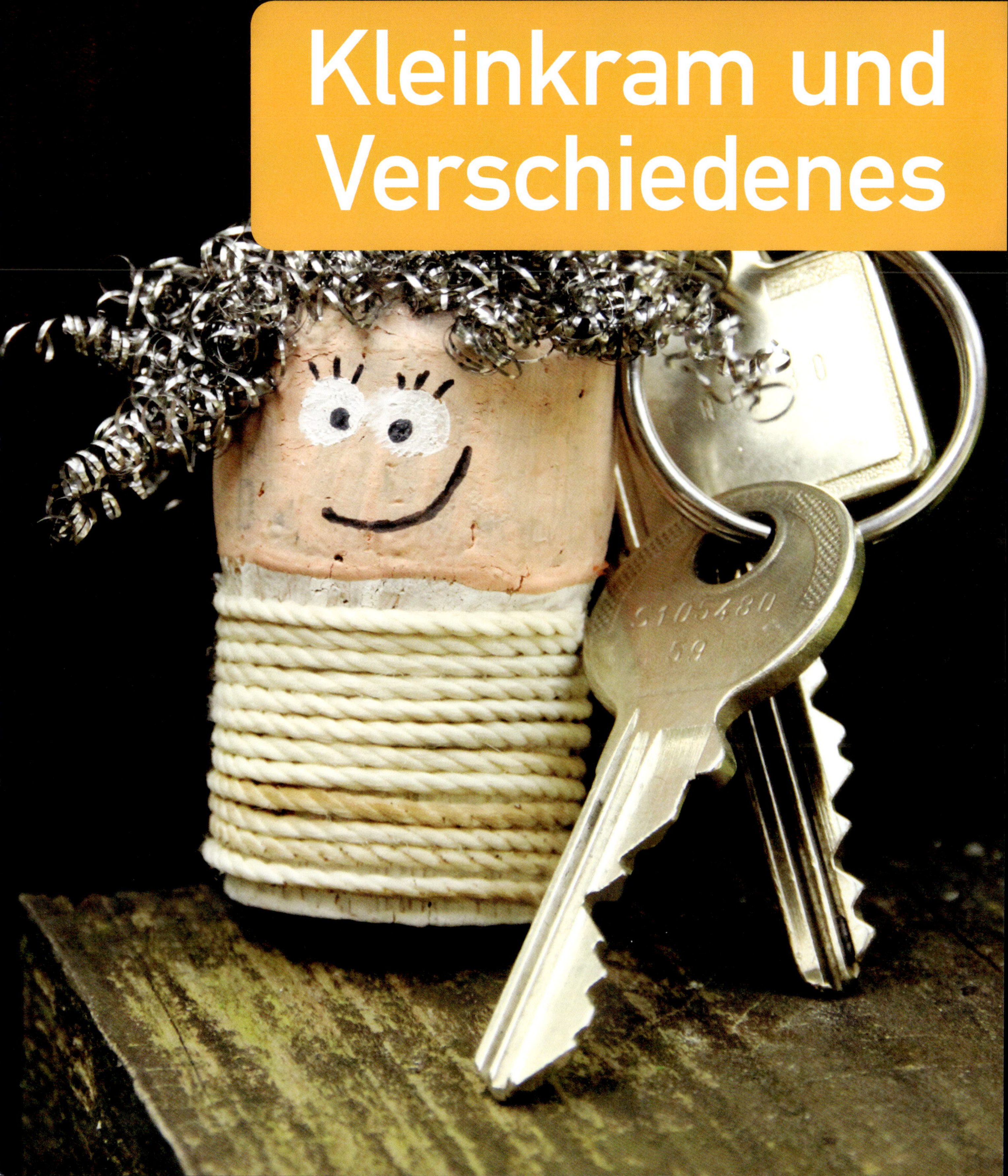

Projekt 21

Kronkorken-Magnet

Zeitaufwand	1 Unterrichtsstunde
Schwierigkeitsstufe	leicht
Mithilfe des Lehrers	Betreuung der Heißkleberstation

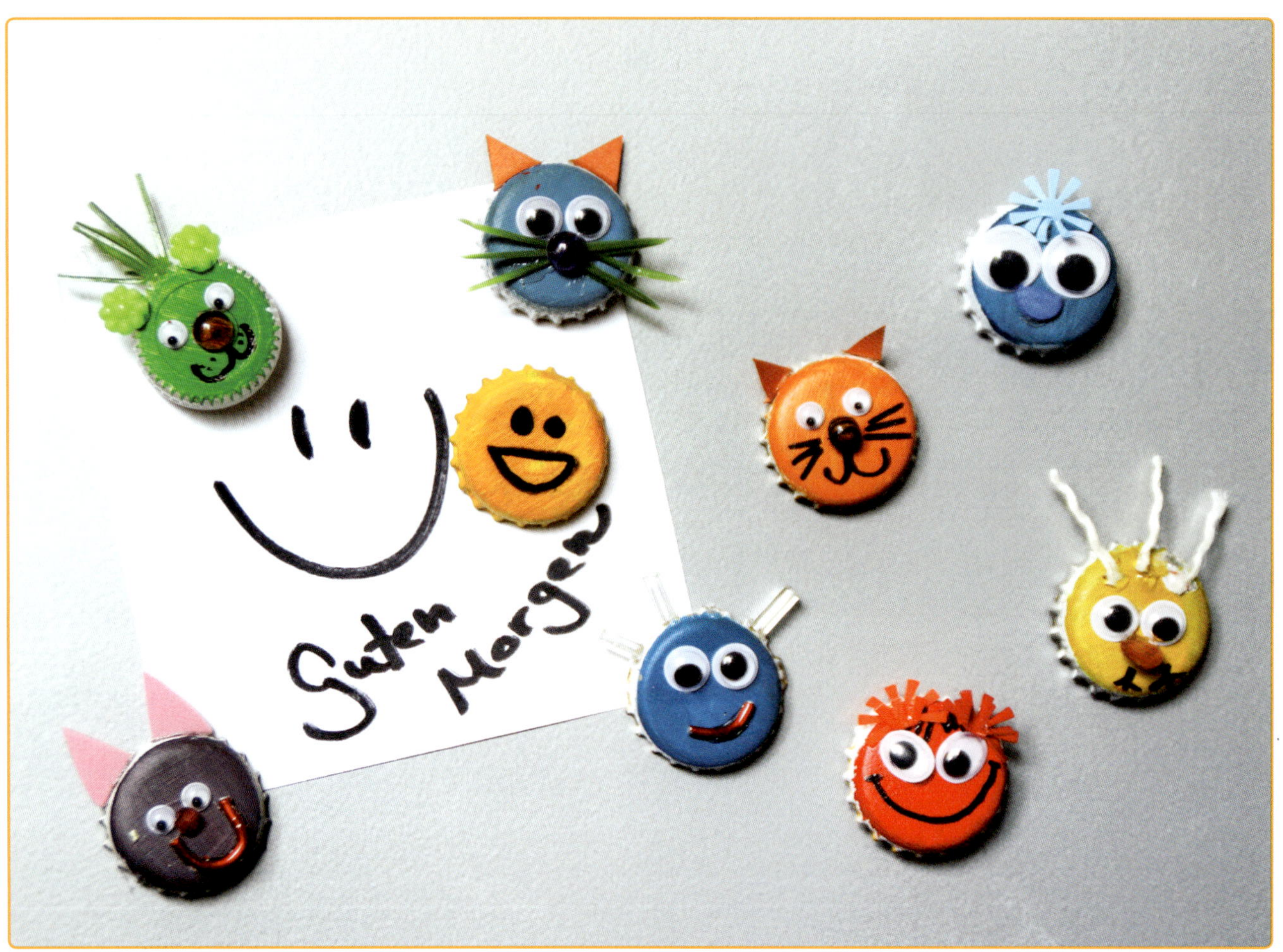

Kurzbeschreibung

An fast jedem Kühlschrank hängen Magnete. Doch so schöne Magnete aus alten Kronkorken hat kaum jemand. Da macht die Zettelwirtschaft Spaß!

Material

- ✓ Kronkorken
- ✓ Acrylfarbe, Pinsel
- ✓ evtl. Fön
- ✓ Permanent-Marker
- ✓ Sammelsurium
- ✓ Heißkleber
- ✓ Magnet
- ✓ evtl. Pappe, Schere

Kronkorken-Magnet

So geht es

- Grundiert die Kronkorken mit weißer Farbe. Das Grundieren dient dazu, dass die Schrift nicht mehr durchschimmert und die Farben nachher intensiver leuchten. Die weiße Farbe muss nun gut trocknen. Nehmt hierfür am besten einen Fön zu Hilfe.
- Übermalt die weiße Grundierung mit einer Farbe eurer Wahl und lasst auch diese Farbe gut trocknen.
- Nun könnt ihr euren Kronkorken nach Lust und Laune mit einem lustigen Gesicht verzieren. Dieses könnt ihr entweder mit Permanent-Marker aufzeichnen oder mit Heißkleber aufkleben.
- Befestigt einen Magnet mit Heißkleber an der Innenseite des Kronkorkens. Der Magnet sollte etwas über den Rand des Kronkorkens überstehen, damit er die Magnetwand auch berühren kann. Wenn der Magnet zu flach ist, klebt ihr am besten etwas Pappe dazwischen.

Tipp

Ihr könnt die Kronkorken auch mit einzelnen Buchstaben beschriften und somit Wörter oder ganze Botschaften auf dem Kühlschrank oder der Magnetwand hinterlassen.

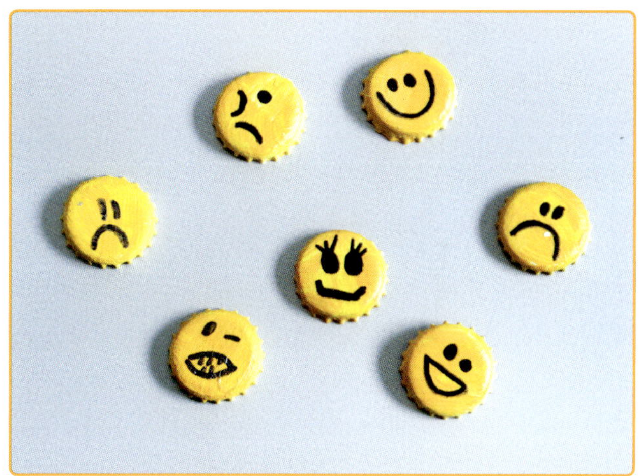

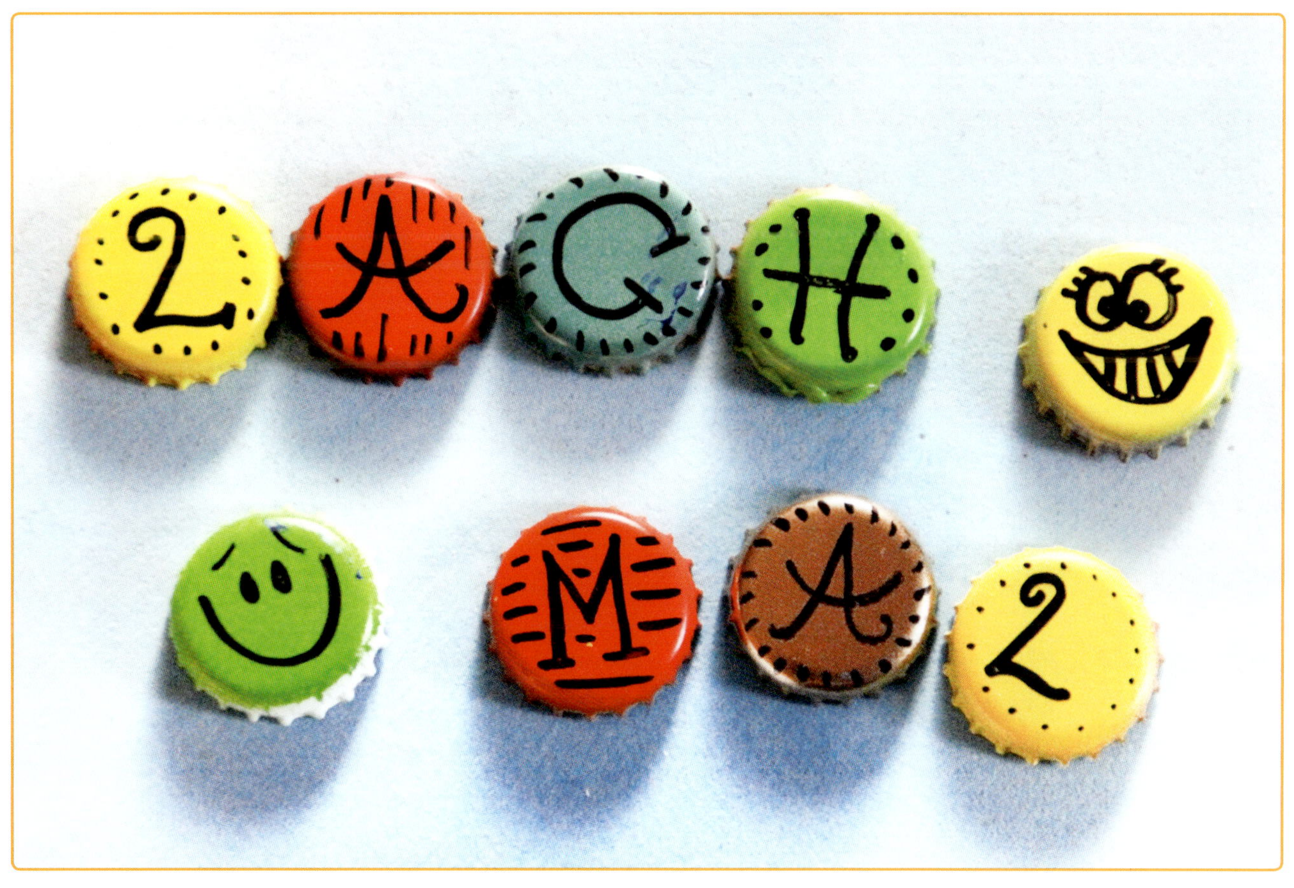

Projekt 22

Handpuppe

Zeitaufwand	1 Unterrichtsstunde
Schwierigkeitsstufe	mittel
Mithilfe des Lehrers	Betreuung der Heißkleberstation, Einfädeln des Nähgarns

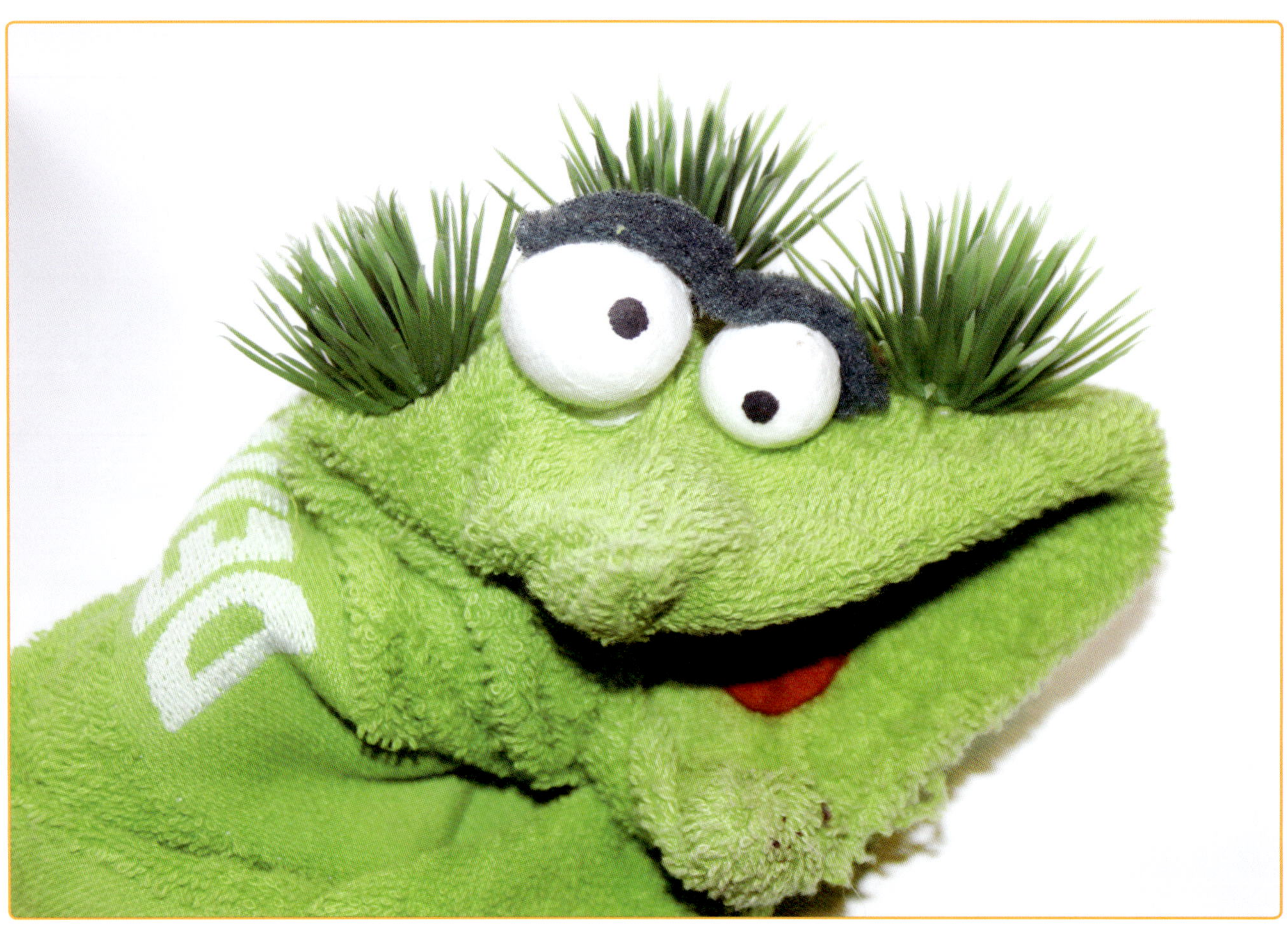

Kurzbeschreibung

Alte Socken oder Waschlappen könnt ihr als Handpuppen zu neuem Leben erwecken. Das Spielen damit macht einfach Spaß!

Material

- Pappe
- Stift
- Schere
- Flüssigkleber
- Sammelsurium

Für das Waschlappen-Tier

- Rauten-Schablone (s. S. 69)
- Waschlappen
- Heißkleber

Für das Socken-Tier

- Oval-Schablone (s. S. 69)
- Socke
- Nadel, Faden

Handpuppe

So geht es

Waschlappen-Tier

- Zeichnet die Rauten-Schablone auf Pappe. Schneidet die Raute aus und knickt sie entlang der kurzen Mittellinie. So entsteht ein klappbares Dreieck, das eurem Waschlappen-Tier später als Mund dienen soll.
- Bestreicht die Innenseite der gefalteten Raute flächendeckend mit Flüssigkleber.
- Fasst die gefaltete Raute von außen und führt sie vorsichtig mit der breiten Spitze voran in den Waschlappen. Klappt die überstehenden Stoffecken nach innen und klebt sie auf die Pappe. Schon ist der Mund fertig und kann mit einer Hand bespielt werden.
- Nun braucht euer Tier noch Augen, Haare, Wimpern, Zähne, Ohren, eine Zunge – und alles, was euch sonst noch einfällt. Befestigt die Kleinteile mit Heißkleber auf dem Waschlappen. Damit ihr euch dabei nicht verbrennt, solltet ihr vorher die Hand aus dem Waschlappen nehmen.

Socken-Tier

- Zeichnet die Oval-Schablone auf Pappe ab. Schneidet das Oval aus und knickt es entlang der kurzen Mittellinie.
- Bestreicht die Innenseite des gefalteten Ovals flächendeckend mit Flüssigkleber.
- Fasst das gefaltete Oval von außen und führt es vorsichtig mit der Rundung voran in die Socke. Am Ende der Socke angekommen, klappt ihr den Stoff zwischen Zehenteil und Ferse nach innen und klebt ihn auf die Pappe.
- Nun braucht euer Tier noch Augen, Haare, Wimpern, Zähne, Ohren, eine Zunge – und alles, was euch sonst noch einfällt. Diese Dinge näht ihr am besten an, anstatt sie mit Heißkleber zu befestigen. Denn die Socken sind meist recht eng und lassen sich beim Bespielen mit der Hand weit drehen. Großflächig Angeklebtes kann dann schnell abreißen.

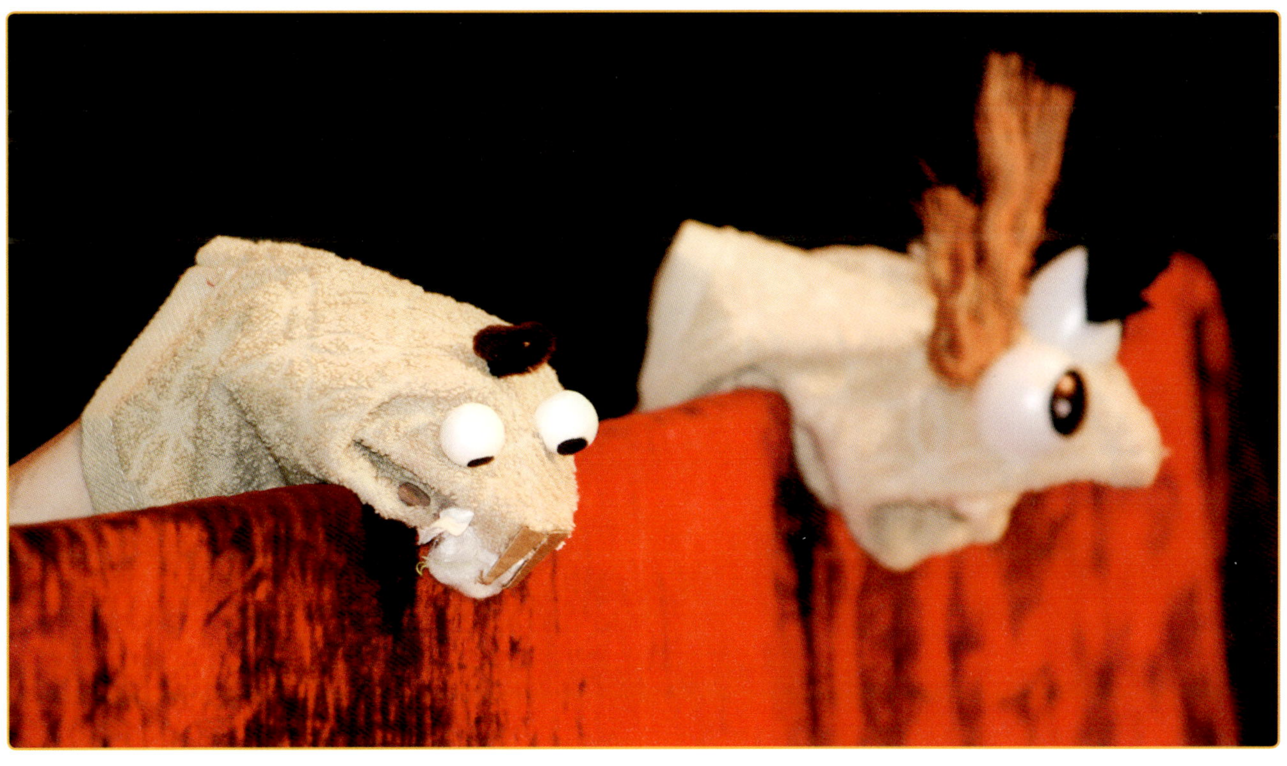

Handpuppe

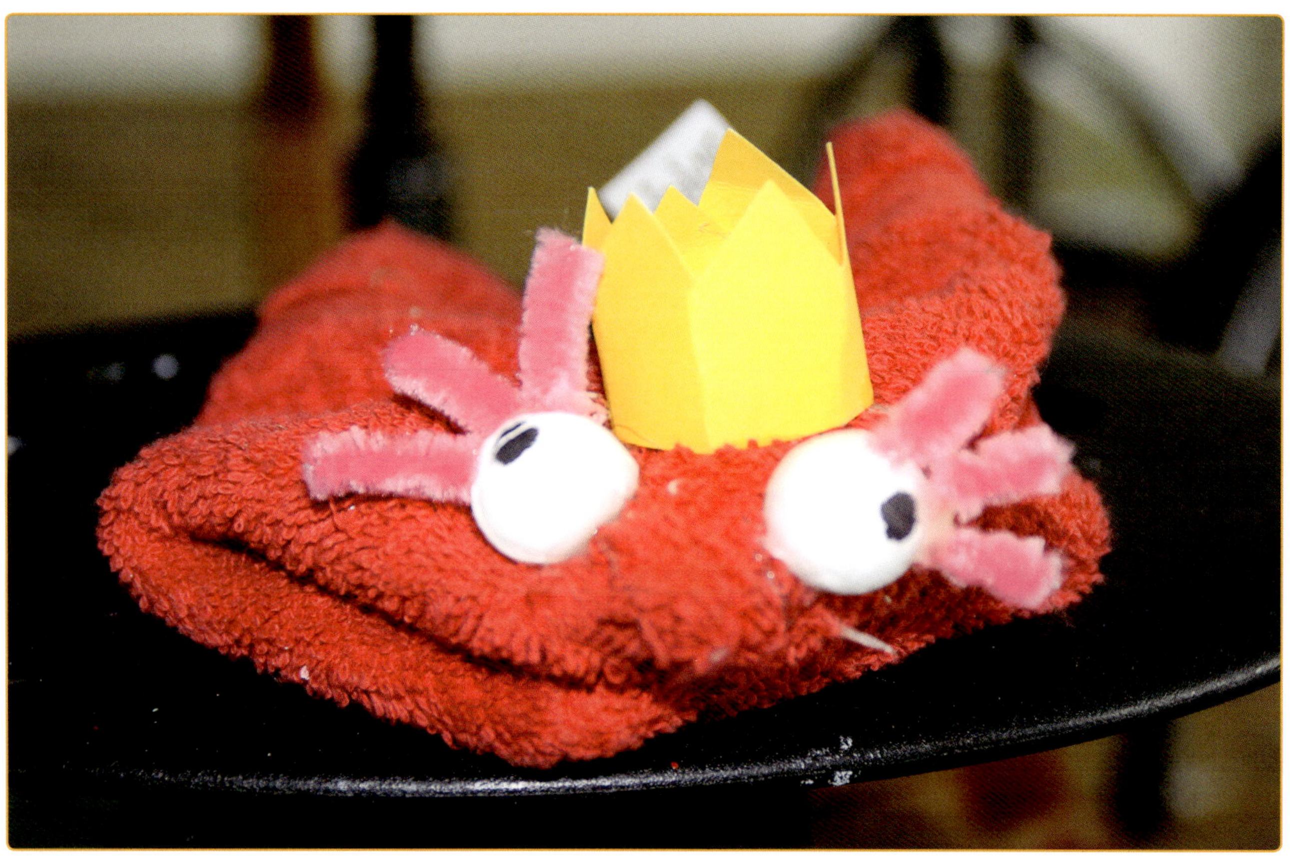

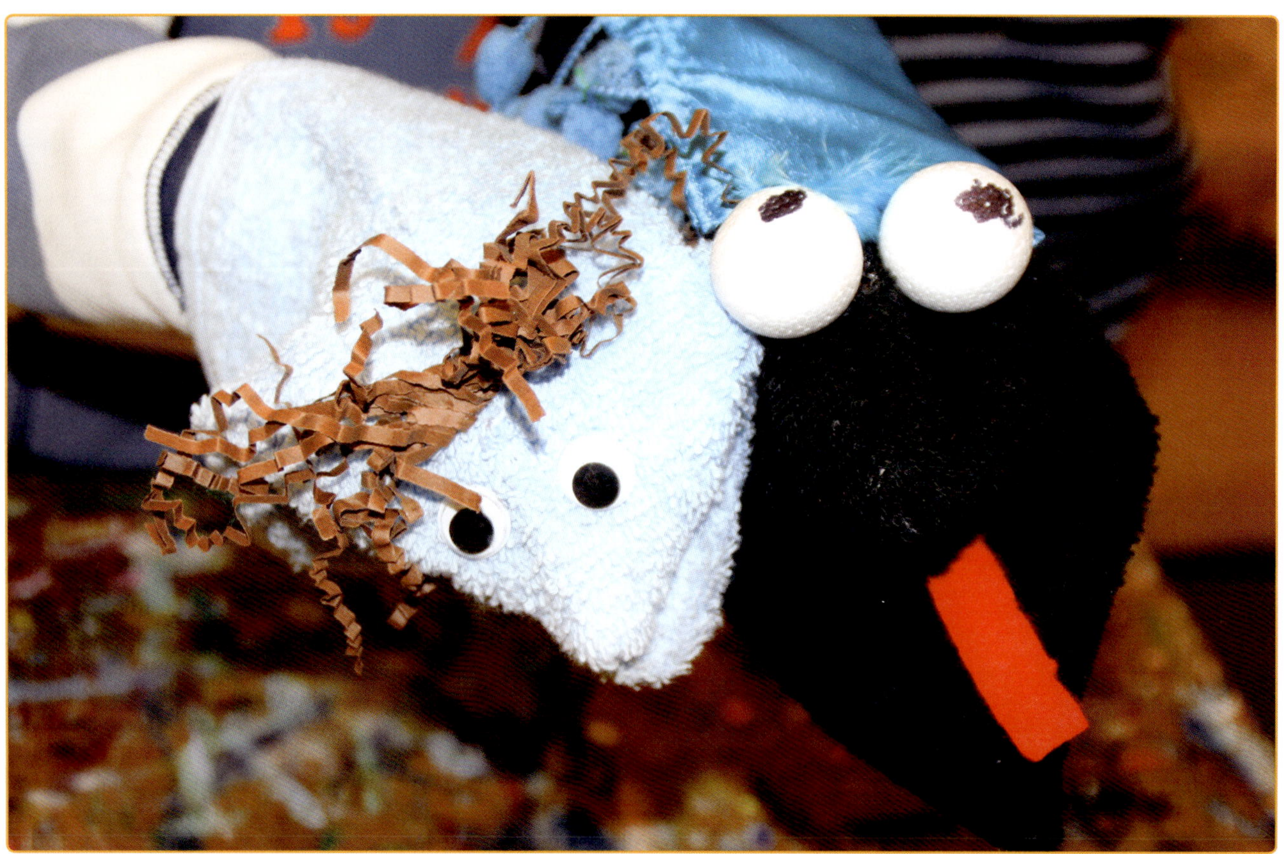

Handpuppe

Schablone Raute

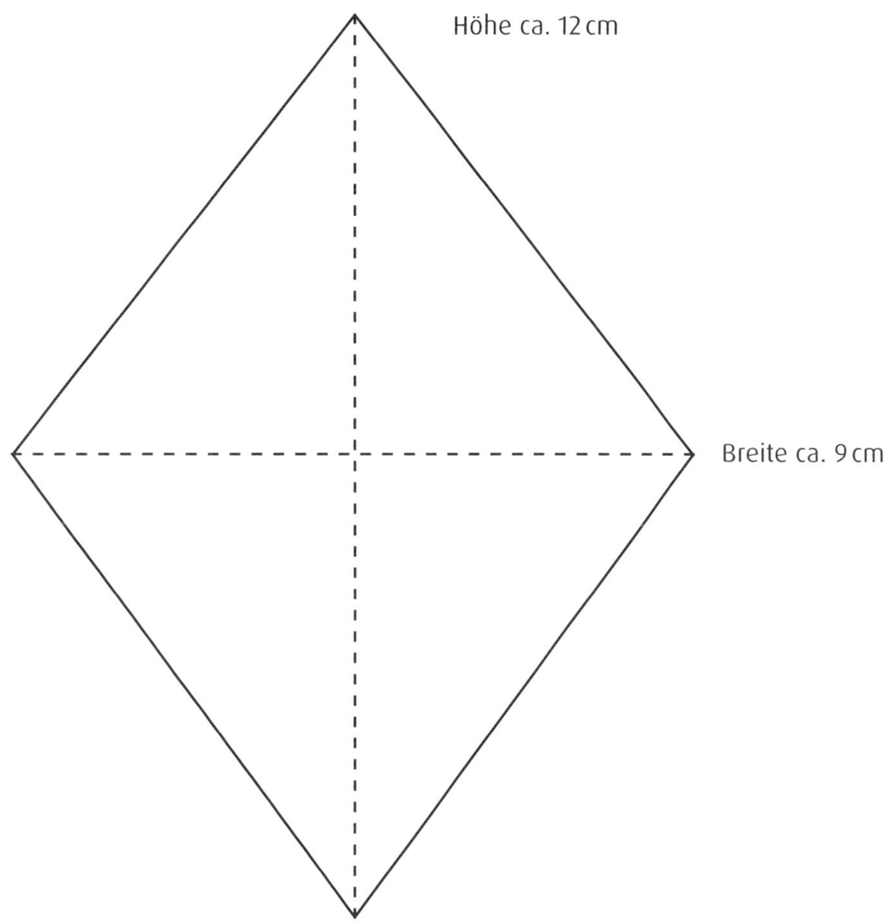

Schablone Oval

die Größe variiert nach Größe der Socke

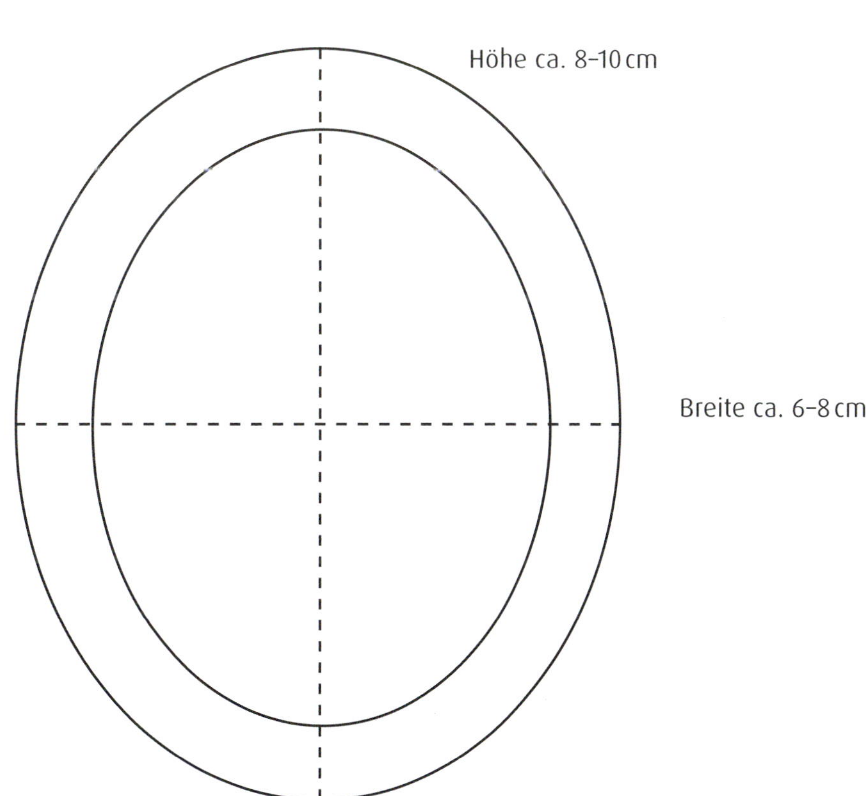

Projekt 23

Socken-Krake

Zeitaufwand	1 Unterrichtsstunde
Schwierigkeitsstufe	leicht
Mithilfe des Lehrers	Einfädeln des Nähgarns, Betreuung der Heißkleberstation

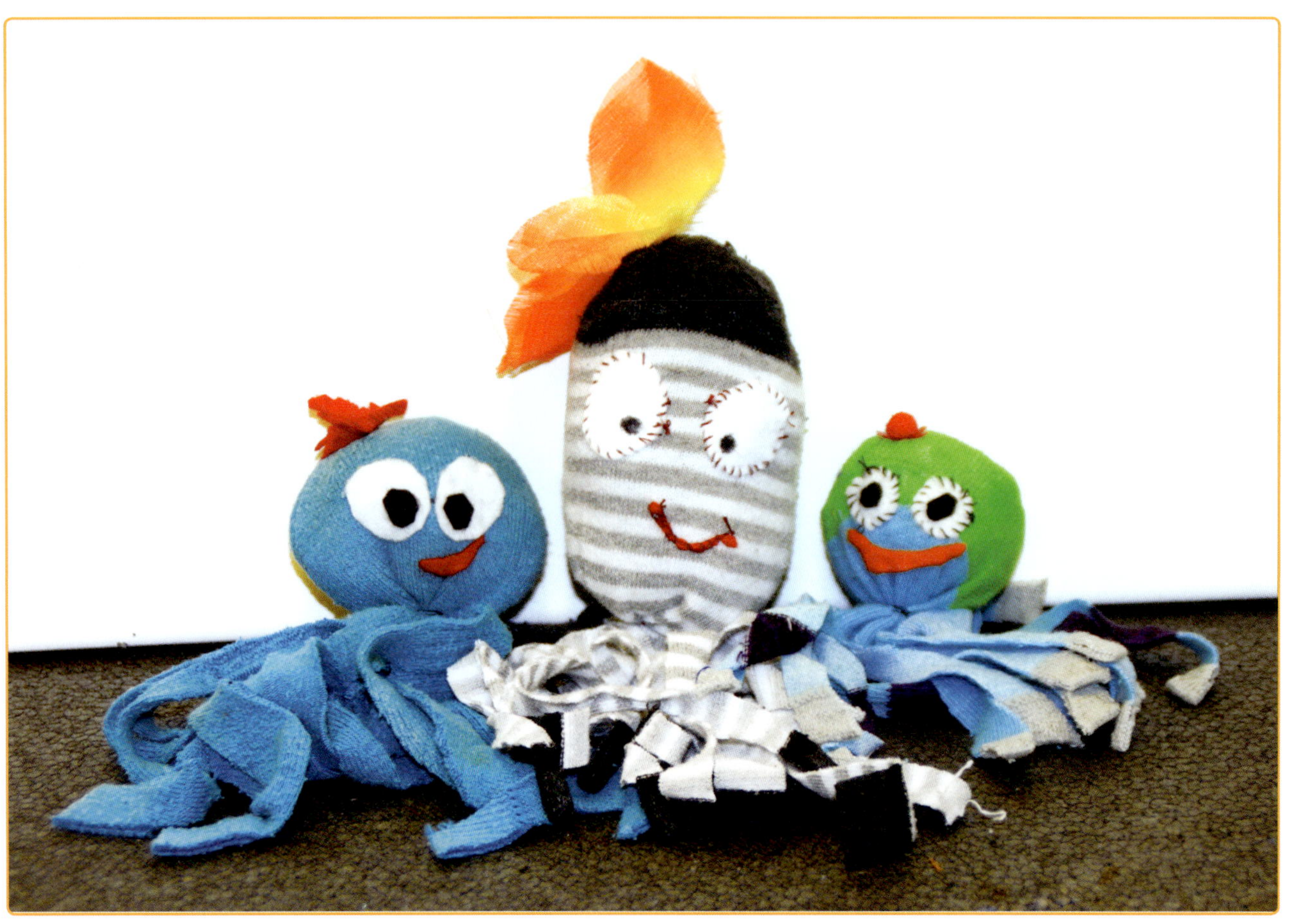

Kurzbeschreibung

Aus einzelnen Kniestrümpfen könnt ihr kleine Kuscheltiere basteln. Diese sehen nicht nur süß aus, sondern lassen sich auch prima zum Spielen verwenden.

Material

- Kniestrumpf
- Füllwatte oder zusätzlicher Strumpf
- Nadel, Faden
- Schere
- Filz für Augen und Mund
- Heißkleber
- Permanent-Marker

Socken-Krake

So geht es

- Die Strümpfe sollten gewaschen sein und keine Löcher am Zehenteil haben.
- Befüllt die Strümpfe mit Füllwatte, sodass am Zehenteil ein runder Kopf entsteht. Je mehr Watte ihr verwendet, desto größer wird der Kopf eures Kraken.
- Anstelle der Füllwatte könnt ihr auch einfach eine zweite Socke verwenden und diese in den Strumpf stopfen. Der Kopf wird dann allerdings nicht ganz so flauschig.
- Dreht den Kopf ein bisschen ab und bindet einen Faden um den Hals. Das Ganze hält etwas besser, wenn ihr mit einer Nadel und einem doppelten Faden ein paar Mal durch den Hals näht. Verknotet den Faden anschließend und schneidet das überstehende Ende ab.
- Nun braucht euer Krake noch ein paar Arme. Schneidet hierzu den oberen Teil des Strumpfes mehrmals ein.
- Für die Augen des Kraken braucht ihr weißen Filz. Schneidet diesen auf die gewünschte Form zu.
- Befestigt die Augen entweder mit Heißkleber oder näht sie mit Nadel und Faden an – das hält nachher auf jeden Fall besser.
- Die Pupillen könnt ihr mit einem Marker aufmalen. Für etwas mehr Kontrast sorgen allerdings aus Filz ausgeschnittene und dann aufgeklebte schwarze Pupillen. Gleiches gilt für den Mund.
- Zum Schluss könnt ihr den Kopf eures Kraken noch mit ein paar Kleinteilen verzieren. Auch diese sollten wegen der besseren Haltbarkeit möglichst angenäht werden.

Tipp

Steckt zwei oder drei Strümpfe ineinander, bevor ihr den Kopf abbindet. So erhält euer Krake doppelt oder dreimal so viele Arme wie bei einer Einzelsocke.

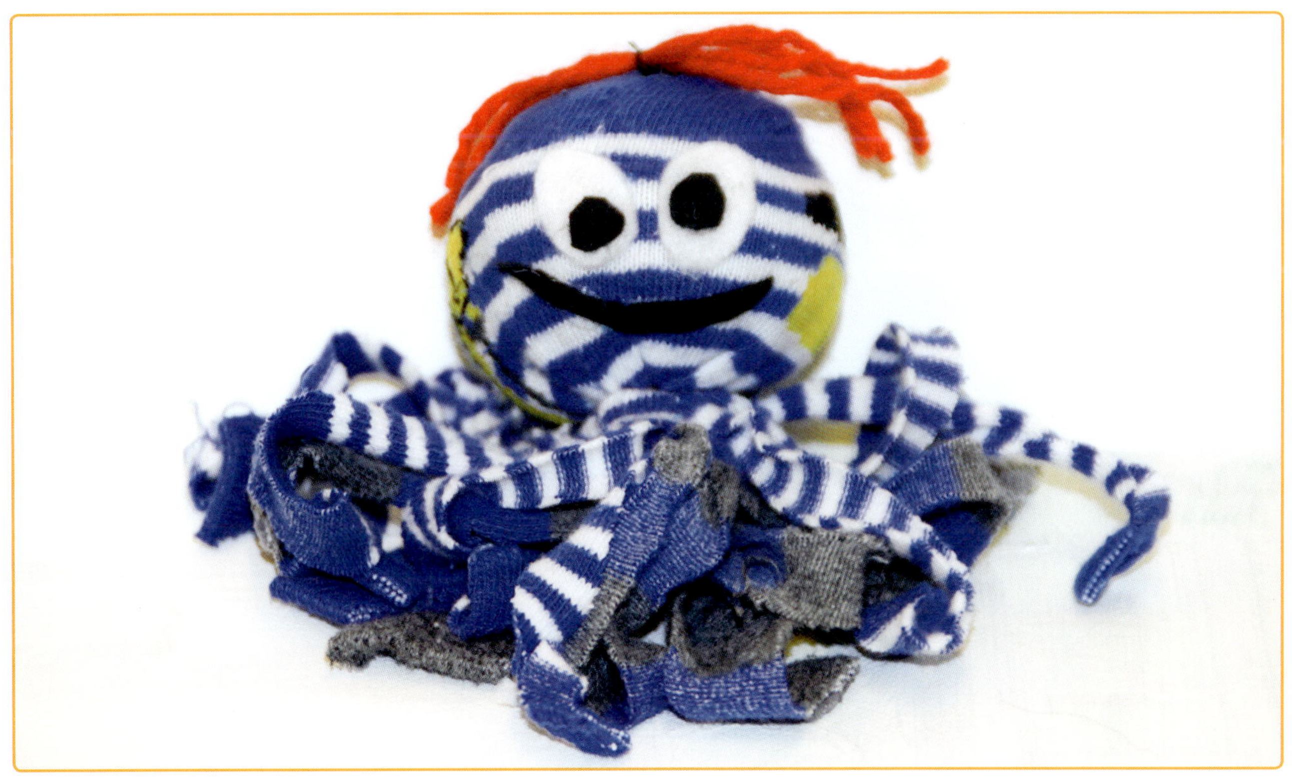

Projekt 24

Schlüsselanhänger

Zeitaufwand	1 Unterrichtsstunde
Schwierigkeitsstufe	leicht
Mithilfe des Lehrers	Eindrehen der Schraubenöse

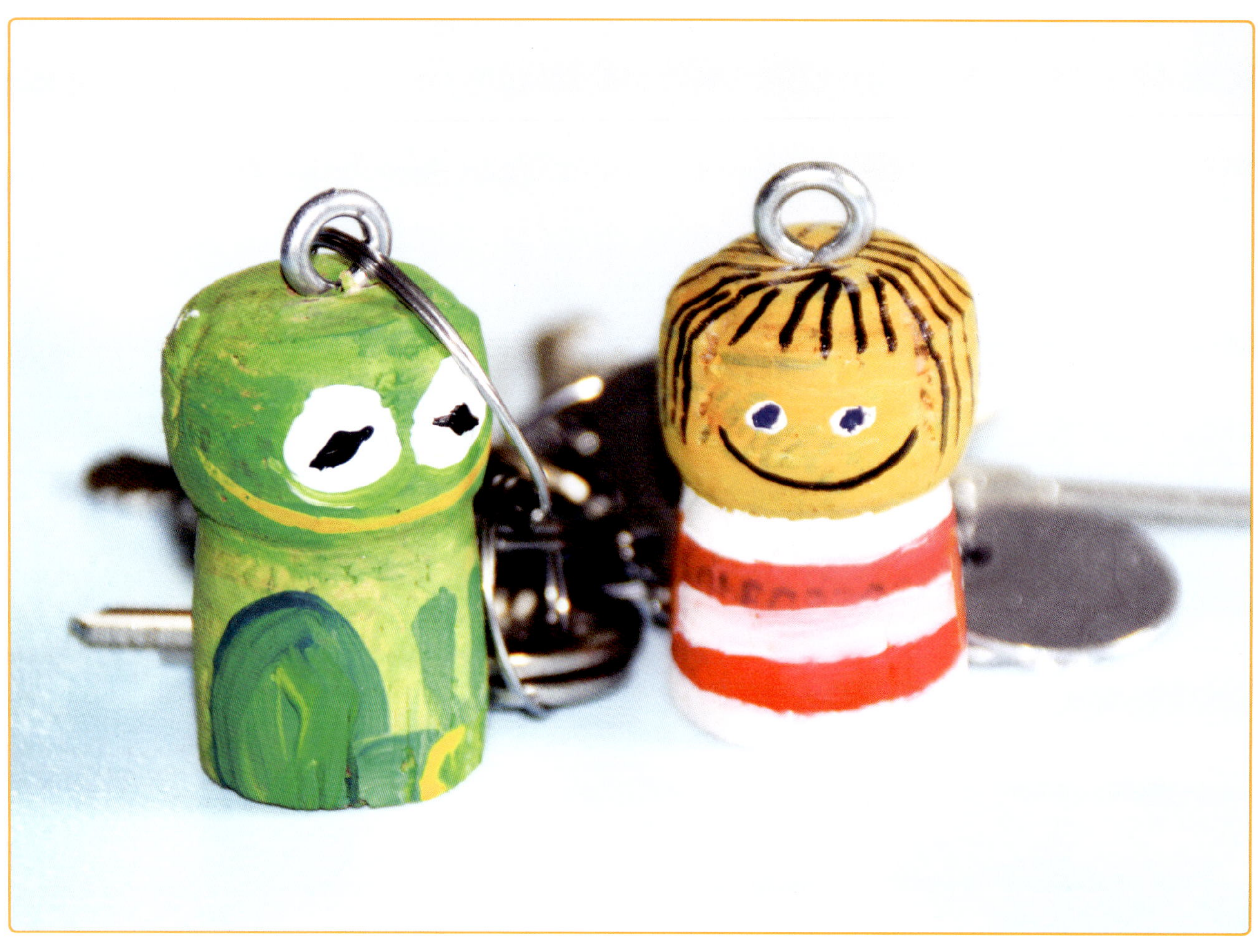

Kurzbeschreibung

Diese kleinen Schlüsselanhänger aus Sektkorken sehen nicht nur gut aus – sie werden euch auch helfen, immer den richtigen Schlüssel zu finden.

Material

- Sektkorken
- Acrylfarbe, Pinsel
- evtl. Fön
- Paketschnur oder Wolle
- Heißkleber
- Permanent-Marker
- Schlüsselring oder Kordel
- Schraubenöse

Schlüsselanhänger

So geht es

- Überlegt euch zunächst, wie ihr euren Schlüsselanhänger gestalten wollt. Soll er ein Männchen, ein Tier oder vielleicht einen Roboter darstellen?
- Bemalt zuerst den Kopf, also den dickeren Teil des Korkens, in seiner Grundfarbe. Ist die Farbe getrocknet, könnt ihr die restliche Fläche, den Körper, bemalen. Wenn ihr einen Fön verwendet, trocknet die Farbe etwas schneller.
- Ihr könnt den Körper eurer Figur auch mit Paketschnur oder Wolle umwickeln. Dafür gebt ihr einen Tropfen Heißkleber auf den Hals des Männchens und klebt den Anfang der Schnur fest. Nun umwickelt seinen Körper und befestigt auch das Ende der Schnur mit Heißkleber. Auf das Ankleben zusätzlicher Kleinteile verzichtet ihr besser, da diese bei täglicher Verwendung des Schlüsselanhängers schnell abbrechen können.
- Nun braucht eure Figur noch ein lustiges Gesicht. Zeichnet dieses am besten mit einem dünnen Permanent-Marker, damit auch kleine Augen und Münder möglich sind.
- Dreht die Schraubenöse in den oberen Teil des Korkens und befestigt daran einen Schlüsselring oder ein Stück Kordel – fertig ist euer Schlüsselanhänger!

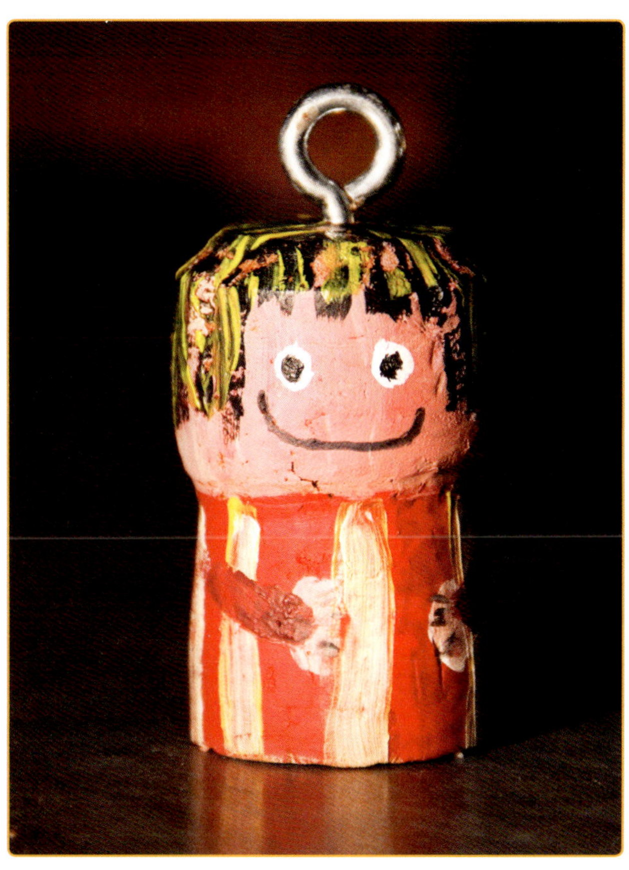

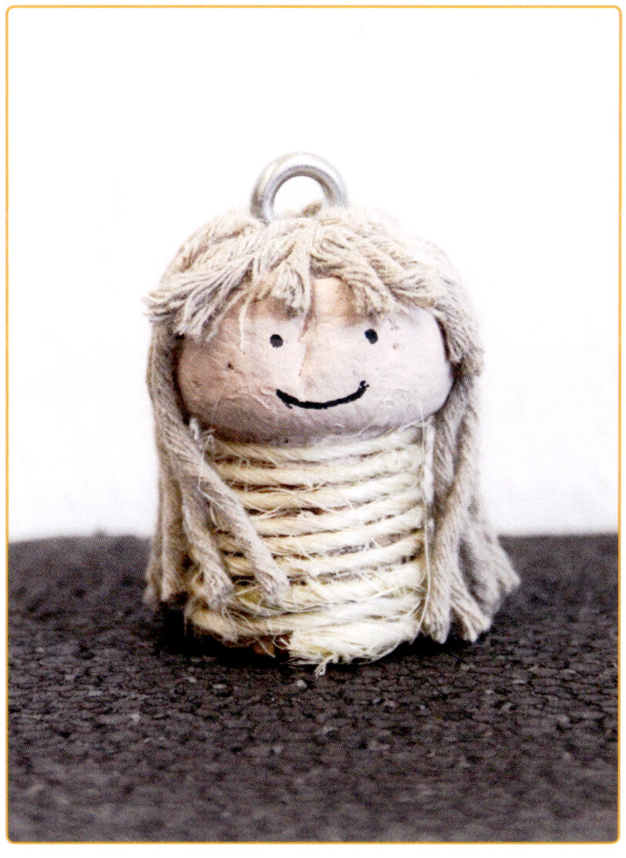

Projekt 25

Schlüsselbrett

Zeitaufwand	2 Unterrichtsstunden
Schwierigkeitsstufe	mittel
Mithilfe des Lehrers	Betreuung der Heißkleberstation

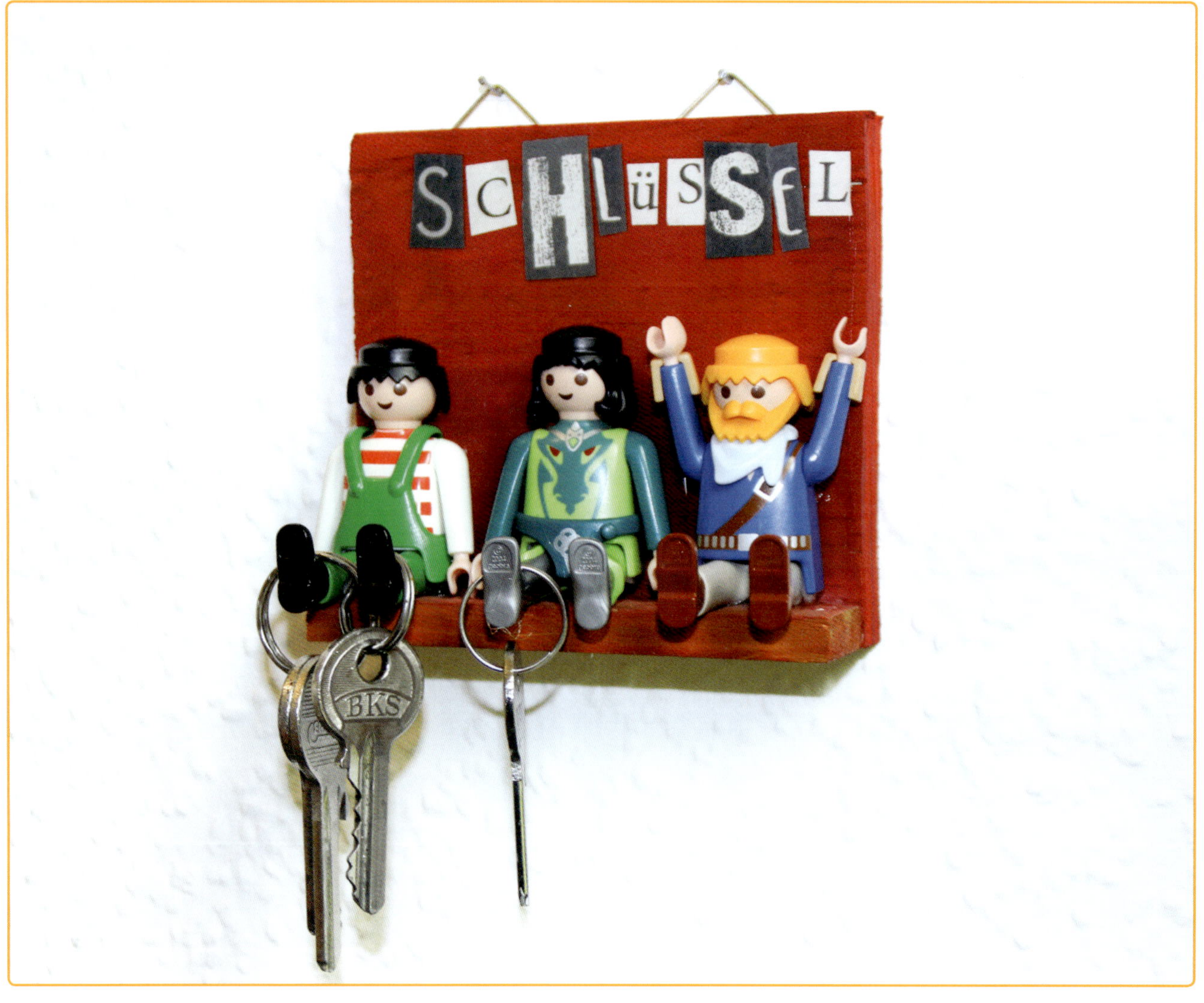

Kurzbeschreibung

Mit alten Barbies, PLAYMOBIL-Figuren und auch anderem ausrangierten Spielzeug lässt sich ein lustiges Schlüsselbrett bauen.

Hierbei geht es vor allem um die Idee. Bei ihrer Umsetzung könnt und sollt ihr eurer Fantasie freien Lauf lassen.

Material

- Spielzeugfiguren
- Brett mit Aufhängung oder Bilderrahmen
- Acrylfarbe, Pinsel
- Heißkleber
- Permanent-Marker oder Zeitung und Flüssigkleber

Schlüsselbrett

So geht es

- Überlegt euch zunächst, welche Spielzeugfiguren sich als Schlüsselhalter eignen. Wenn ihr euch z. B. für eine PLAYMOBIL-Figur entscheidet, sollte diese in eine sitzende Position gebracht werden, damit ihre Füße die Schlüssel auch halten können.
- Habt ihr euch für eine oder mehrere Spielzeugfiguren entschieden, braucht ihr noch einen passenden Hintergrund, auf dem ihr die Figuren später befestigt. Hierfür könnt ihr z. B. ein Stück Holz, einen alten Bilderrahmen oder eine ausrangierte Schublade verwenden.
- Bemalt das Schlüsselbrett mit Acrylfarbe und lasst die Farbe gut trocknen.
- Befestigt die Spielzeugfiguren mit Heißkleber auf dem Schlüsselbrett.
- Wenn ihr mögt, könnt ihr euer Schlüsselbrett noch mit einer passenden Aufschrift versehen, damit auch jeder weiß, wofür es gedacht ist. Hierfür könnt ihr z. B. einen Permanent-Marker verwenden oder Buchstaben aus der Zeitung ausschneiden und auf das Brett kleben.
- Bringt zum Schluss noch einen, besser zwei, Bilderhalter an der Rückseite eures Schlüsselbrettes an – und fertig ist der praktische Helfer!

Tipp

Startet in der Schule einen Spendenaufruf. Es ist erstaunlich, wieviele alte Barbies, PLAYMOBIL-Figuren und andere ausrangierte Spielzeugfiguren dadurch binnen kurzer Zeit zusammenkommen.

Danksagung

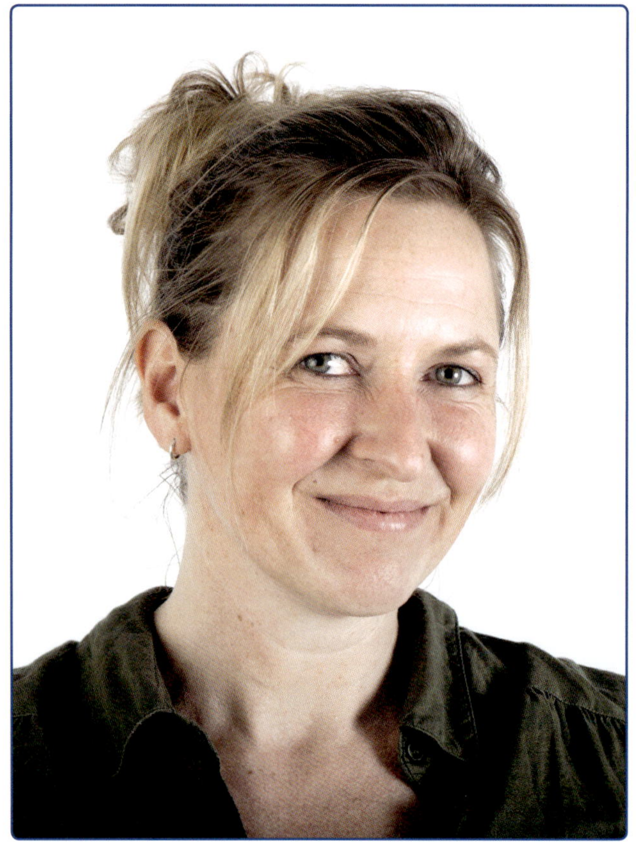

Mein Dank an dieser Stelle gilt Sabine, meiner guten Freundin, die mich schon zum ersten Buch ermutigt hat und mir immer mit Rat und Tat zur Seite steht.

Vielen Dank auch an die Kinder meiner Kunstschule „Raum für Kunst", die tapfer jede Idee über sich ergehen lassen und sie auf ihre Umsetzbarkeit und Tauglichkeit hin testen.

Ein herzliches Dankschön an meinen Partner Sascha, der es still ertragen hat, dass während der Entstehung dieses Buches überall in der Wohnung Konservenbüchsen, Gläser, Toilettenpapierrollen und viele, viele andere Dinge herumstanden und -lagen – und nichts mehr weggeworfen werden durfte.

Zu guter Letzt noch ein großes Dankeschön an die tollen Mitarbeiter vom Verlag an der Ruhr, mit denen es immer eine Freude ist zu arbeiten, weil es nie Probleme, sondern immer Lösungen gibt.

Danke!

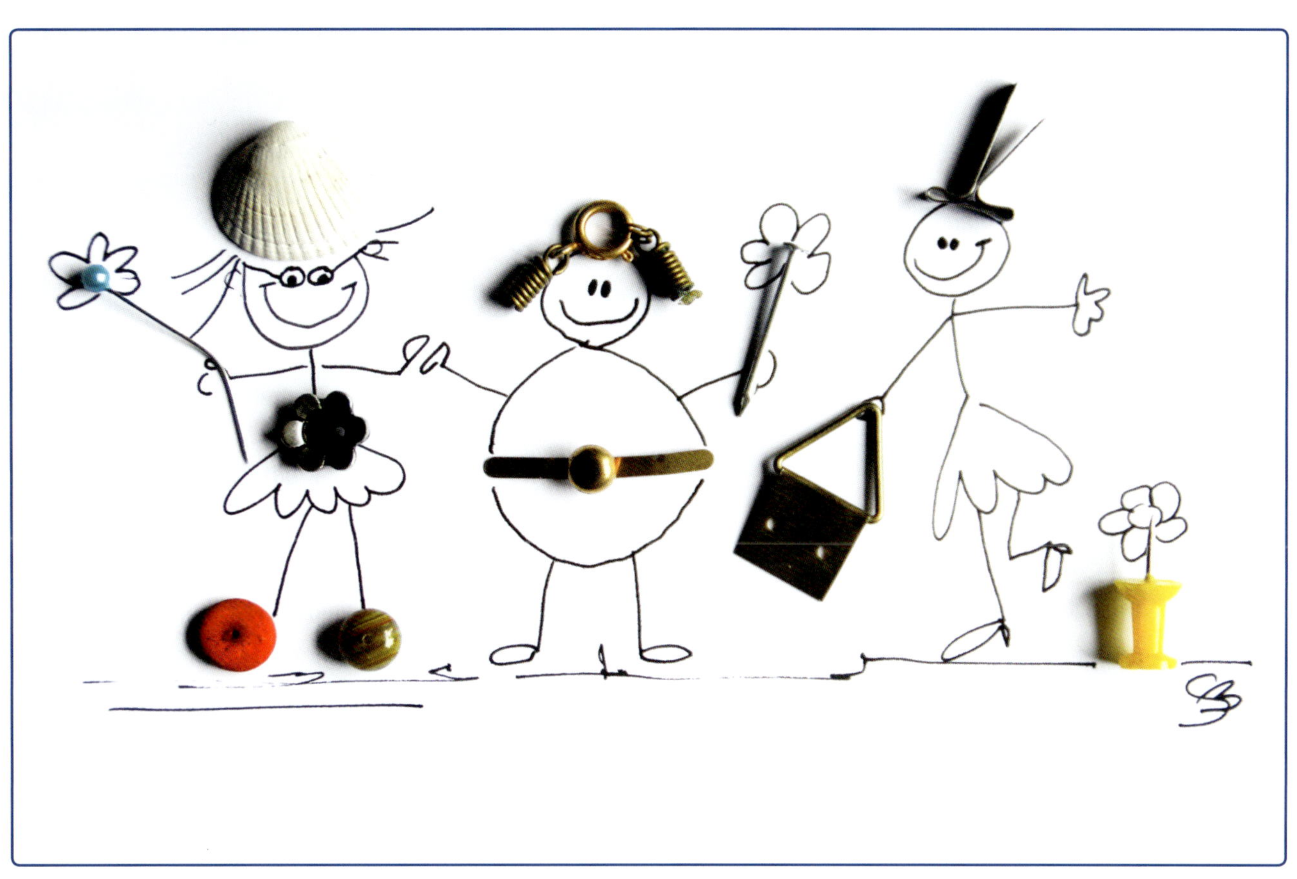

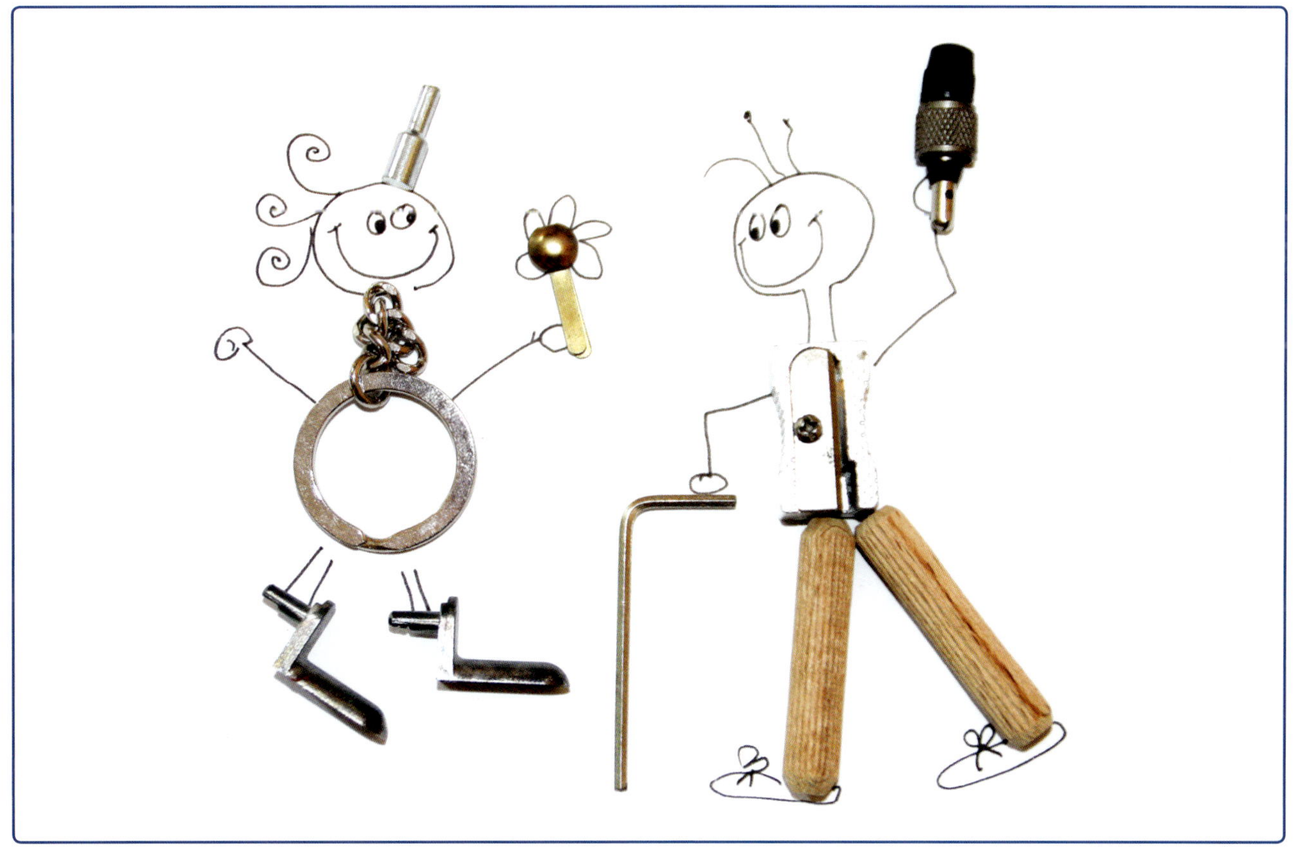

Medientipps

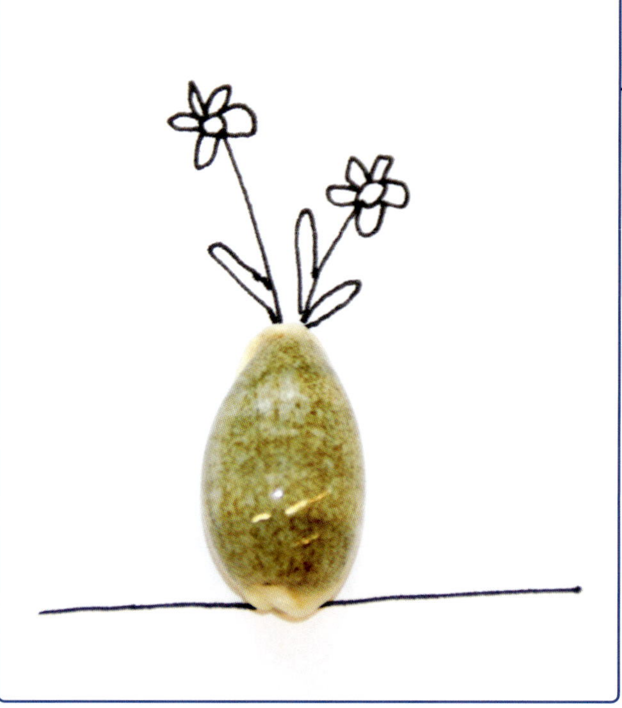

Bachner, Silke:
- **Klassen-Deko. Kleiner Aufwand – große Wirkung.**
  25 einzigARTige Kunst-Projekte für das ganze Jahr.
  Verlag an der Ruhr, 2016.
  ISBN 978-3-8346-3110-7

Bachner, Silke; Gorski, Sabine:
- **Fensterbilder – große Wirkung ohne Schablone.**
  25 einzigARTige Kunst-Projekte für das ganze Jahr.
  Verlag an der Ruhr, 2012.
  ISBN 978-3-8346-0958-8

Deges, Pia:
- **Aus alt mach neu.**
  Kinder basteln mit Recyclingsachen.
  Frech, 2015.
  ISBN 978-3-7724-7588-7

Henrion, Alexia:
- **Villa Obstkiste.**
  Ein Recyclingbastelbuch für kleine Architekten und Möbeldesignerinnen.
  Haupt, 2015.
  ISBN 978-3-258-60126-7

Kaster, Armin:
- **Augen auf und Kunst draus machen!**
  Kunststunden mit einfachen Materialien.
  Jahrgangsstufe 1–4.
  Verlag an der Ruhr, 2011.
  ISBN 978-3-8346-0875-8

Kohl, Mary Ann F.:
- **Mit Alufolie, Sand und Wattestäbchen.**
  250 Kunstideen zu 50 Alltagsmaterialien.
  Verlag an der Ruhr, 2011.
  ISBN 978-3-8346-0787-4

Maibaum, Svenja; Mithra, Salome P.:
- **20 x textiles Gestalten für 90 Minuten – Klasse 3/4.**
  Kurze Projekte für schnelle Erfolge.
  Verlag an der Ruhr, 2012.
  ISBN 978-3-8346-2264-8

Romeiß, Julia:
- **Upcycling.**
  Aus alt mach neu: 70 kreative Ideen zum Selbermachen.
  BLV Buchverlag, 2014.
  ISBN 978-3-8354-1314-6

Renzler, Christine:
- **Das Upcycling-Buch für Kinder.**
  Frech, 2014.
  ISBN 978-3-7724-5958-0

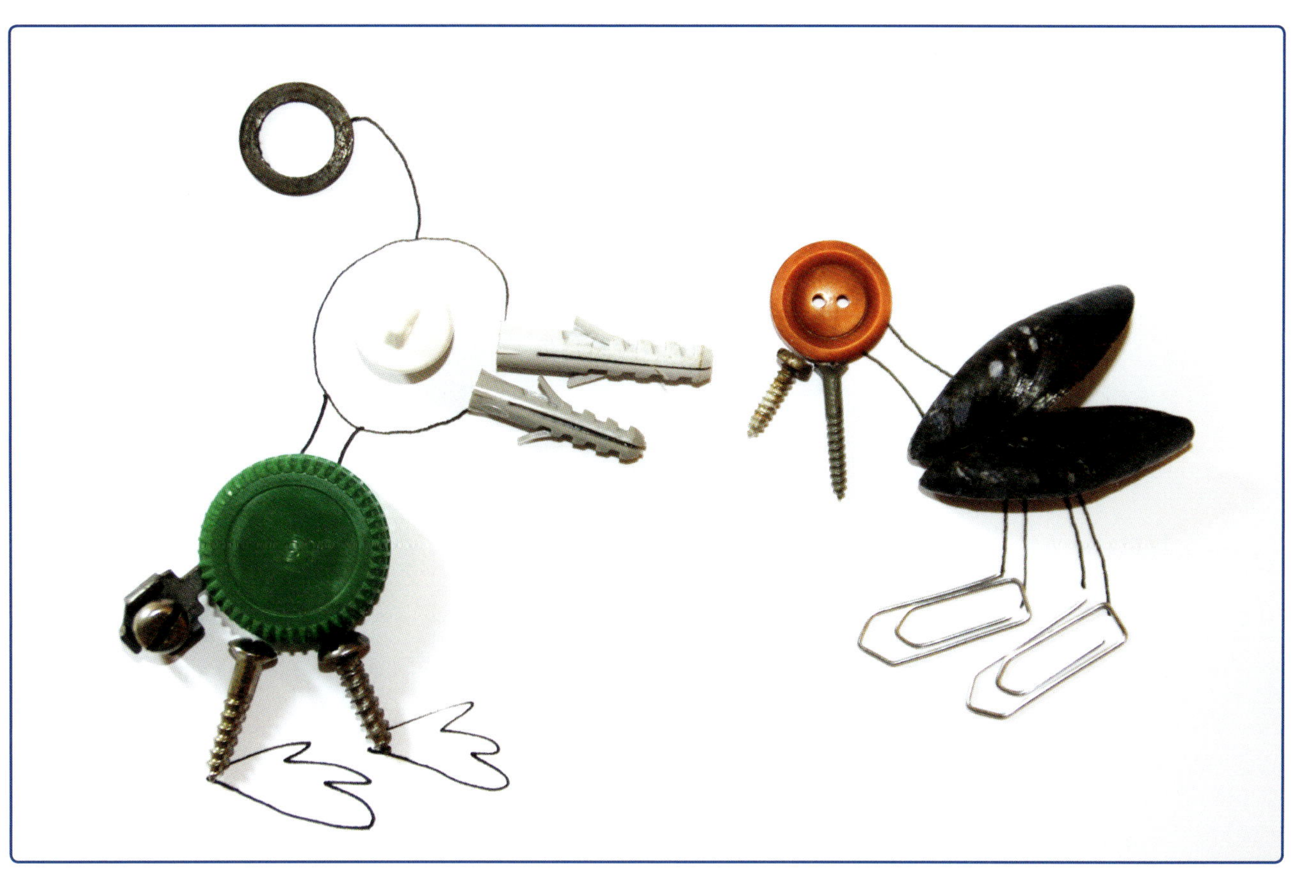

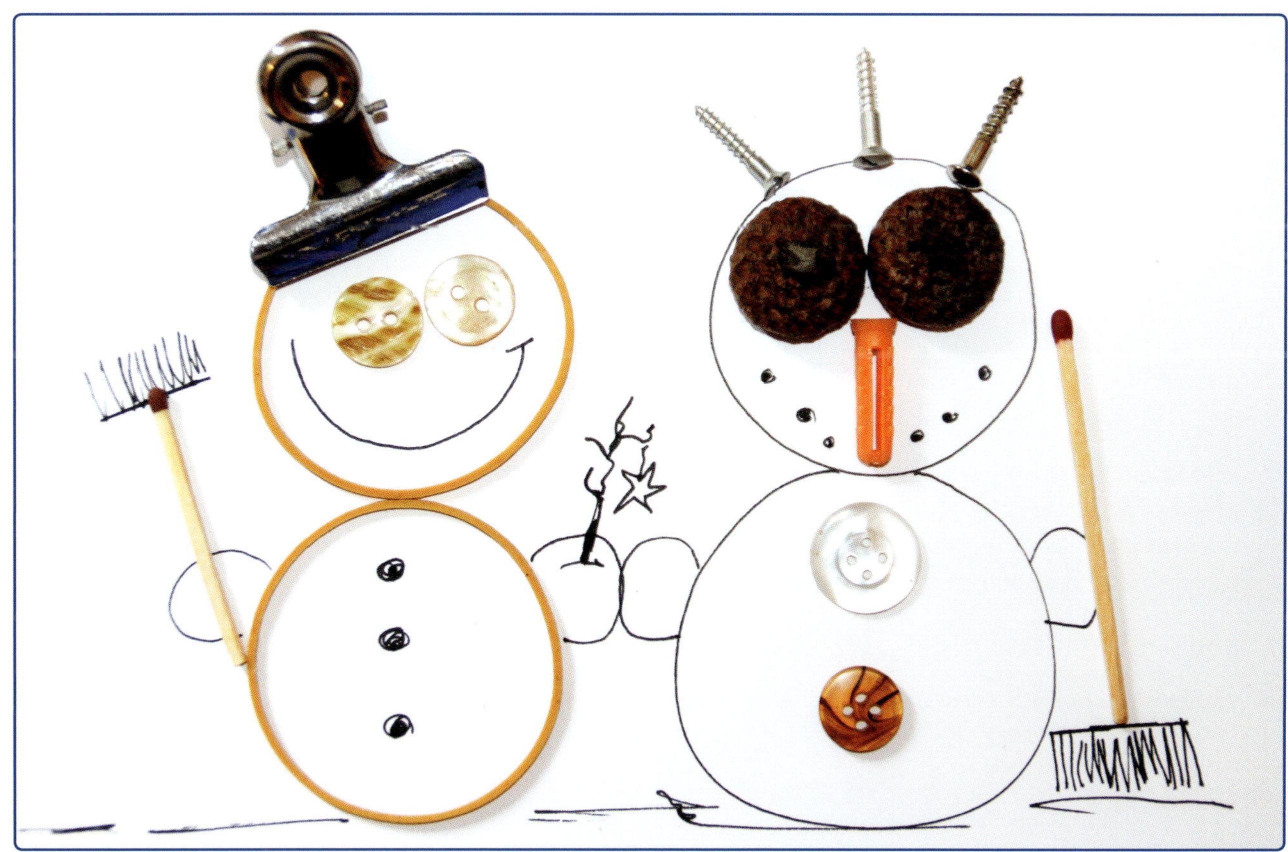